Zeitungsverlage zu neuem Wachstum führen

Andreas Moring

Zeitungsverlage zu neuem Wachstum führen

Strukturen vereinfachen,
Qualität sichern, Märkte ausschöpfen

Andreas Moring
BiTS Hochschule
Hamburg, Deutschland

ISBN 978-3-658-15568-1   ISBN 978-3-658-15569-8   (eBook)
DOI 10.1007/978-3-658-15569-8

Die Deutsche Nationalbibliothek verzeichnet diese Publikation in der Deutschen National-
bibliografie; detaillierte bibliografische Daten sind im Internet über http://dnb.d-nb.de abrufbar.

Springer Gabler
© Springer Fachmedien Wiesbaden GmbH 2017
Das Werk einschließlich aller seiner Teile ist urheberrechtlich geschützt. Jede Verwertung, die
nicht ausdrücklich vom Urheberrechtsgesetz zugelassen ist, bedarf der vorherigen Zustimmung
des Verlags. Das gilt insbesondere für Vervielfältigungen, Bearbeitungen, Übersetzungen,
Mikroverfilmungen und die Einspeicherung und Verarbeitung in elektronischen Systemen.
Die Wiedergabe von Gebrauchsnamen, Handelsnamen, Warenbezeichnungen usw. in diesem
Werk berechtigt auch ohne besondere Kennzeichnung nicht zu der Annahme, dass solche
Namen im Sinne der Warenzeichen- und Markenschutz-Gesetzgebung als frei zu betrachten
wären und daher von jedermann benutzt werden dürften.
Der Verlag, die Autoren und die Herausgeber gehen davon aus, dass die Angaben und Informa-
tionen in diesem Werk zum Zeitpunkt der Veröffentlichung vollständig und korrekt sind. Weder
der Verlag noch die Autoren oder die Herausgeber übernehmen, ausdrücklich oder implizit,
Gewähr für den Inhalt des Werkes, etwaige Fehler oder Äußerungen.

Gedruckt auf säurefreiem und chlorfrei gebleichtem Papier

Springer Gabler ist Teil von Springer Nature
Die eingetragene Gesellschaft ist Springer Fachmedien Wiesbaden GmbH
Die Anschrift der Gesellschaft ist: Abraham-Lincoln-Str. 46, 65189 Wiesbaden, Germany

Vorwort

Die Debatte um die Zukunft und Zukunftsfähigkeit von Zeitungen hat zwei Fehler:

1. Sie wird mit dem falschen Fokus diskutiert.
2. Sie zieht die falschen Schlüsse.

Im Mittelpunkt der meisten Untersuchungen und Konzeptionen stehen das Produkt und seine Macher. Gerne wird auch die glorreiche Vergangenheit bemüht, um darzustellen, was früher alles besser lief und welchen Zustand es darum für die Zukunft wieder herzustellen gelte. Kunden und andere Märkte, von denen zu lernen wäre, kommen dagegen nur sehr selten vor. Vor allem Journalisten und Verlagsmanager, in der Praxis wie in der Wissenschaft, scheuen davor zurück.

Einerseits eine verständliche Verhaltensweise: Dort, wo man sich auskennt, sich sicher und kompetent fühlt, dort wird analysiert und vor allem interpretiert. In fremden und ungewohnten Bereichen fühlt sich niemand wohl. Andererseits ergeben sich die besten und erfolgreichsten Erkenntnisse doch gerade dann, wenn die geistig wie praktisch gewohnten Umgebungen verlassen werden und der Blick konsequent von Vorurteilen und vermeintlich sicheren Weisheiten zumindest für eine Zeit lang befreit wird. Anstatt sich also mit dem Zeitungsmarkt und der Printbranche aus der Innensicht intensiv auseinanderzusetzen, soll hier dieser Markt unter anderen Blickwinkeln, quasi von außen und durch die Augen der Rezipienten und eben nicht der Produzenten, betrachtet werden.

Daraus ergeben sich dann auch andere Schlüsse und Konsequenzen. Konsequenzen, die nicht in die bestehenden Abläufe und Organisationen von „Verlagshäusern" passen. Das gilt für organisatorische Fragen, wie auch für grundlegende Determinanten des eigenen Geschäftsmodells. Diese Untersuchung und ihre Ergebnisse und Anregungen beziehen sich auf den (deutschen) Tageszeitungsmarkt und damit auf lokale und regionale Titel und Unternehmen, die fast den gesamten Markt darstellen. Es geht um typische deutsche Zeitungen wie beispielsweise das Hamburger Abendblatt oder die Stuttgarter Zeitung, um die Westdeutsche Allgemeine und die Sächsische Zeitung mit relativ großen Auflagen und Reichweiten und genauso diejenigen mit mittleren und kleineren Auflagenzahlen in der „Provinz" wie beispielsweise die Frankenpost, die Nordseezeitung, die Hessisch-Niedersächsische Allgemeine oder auch die Schwäbische Zeitung. Für die sehr wenigen nationalen Tageszeitungen in Deutschland, also Welt, FAZ und Süddeutsche gelten die Beobachtungen und Analysen zum Markt und Leseverhalten uneingeschränkt ebenso, die Ableitungen im Grunde auch, jedoch mit leichten Modifikationen und Anpassungen, da die Marktumstände bei diesen schon aus rein geografischen Gründen anders als bei typischen Regionalzeitungen sind. Für Wochenzeitungen und Magazine gilt dasselbe, denn diese wie Zeit, Spiegel oder Stern gehören qua Definition nicht mehr zum Bereich der Tageszeitungen und darum können auch in Bezug auf sie die Ergebnisse und Empfehlungen dieser Untersuchung im Prinzip gelten, jedoch im Detail mit entsprechenden Anpassungen. In einigen Fällen sind bei Zeitschriften und Magazinen sogar bereits bestimmte in dieser Untersuchung herausgearbeitete Punkte und Prinzipien gegeben, die bei (regionalen und lokalen) Tageszeitungen noch auf ihre Realisierung warten, wie beispielsweise eine konsequente Zielgruppendenke, ein professionelles Customer Relationship Management oder die sinnvolle journalistische Trennung von Print und Online, anstelle von vereinheitlichenden und qualitätsschädigenden Newsrooms.

▶ Kurz gesagt lässt sich die These dieses Buches folgendermaßen zusammenfassen:
Die klassische Zeitung ist nur zu retten, indem sie abgeschafft wird.

Zeitungen sind heute überoptimiert und gehen an den Bedürfnissen der eigenen Kunden zunehmend vorbei. Zeitungen haben den Anspruchshorizont ihrer täglichen Leser längst verlassen, sie bieten zu viel. Und sie fordern zu viel: Zu viel Aufmerksamkeit, zu viel Zeit, zu viel Anstrengung, zu hohe Opportunitätskosten. Kein Wunder, dass sich Menschen zunehmend Alternativen zuwenden, die besser zu den eigenen Bedürfnissen passen. Zeitungen müssen, sollen sie als tägliches Gebrauchs- und Verbrauchsprodukt erhalten bleiben und sich wirtschaftlich tragen, radikal vereinfacht werden.

Radikal ist auch die zweite mögliche Konsequenz. Die tägliche Erscheinungsweise ist ein mittlerweile lächerlicher Anachronismus, der durch kein inhaltliches Argument mehr zu rechtfertigen ist. Die Nachrichten vom vergangenen Mittag braucht niemand mehr am kommenden Tag auf Papier gedruckt. Soll die Zeitung ihre anderen Ansprüche erfüllen – Information, Einordnung, Hilfestellung,

Recherche, Aufklärung, Interessenvertretung, Unterhaltung, Dienstleistung –, dann kann das unter qualitativen und ökonomischen Gesichtspunkten nicht mit einem täglichen Erscheinungsrhythmus geleistet werden. Zwei bis drei Erscheinungstage pro Woche sind die einzig sinnvolle Alternative. Mit allen Konsequenzen für Organisation, Abläufe, Ressourcenallokation und Businessmodelle.

Diese Konsequenzen ergeben sich, wenn nicht nur auf die Symptome, sondern auch auf die Ursachen von Produktkrisen geschaut wird. Und wenn die Schlüsse konsequent und in gewissem Sinne rücksichtslos gezogen werden. Eine solche Herangehensweise und Rücksichtslosigkeit ist nüchtern betrachtet mittlerweile die einzige sinnvolle Alternative zum absehbaren Ende des eigenen Unternehmens, wenn sich eben nichts wesentlich und grundlegend ändern würde. Dabei ist dieser Zwang zu konsequentem Handeln und rücksichtsloser Transformation selbst verschuldet und sozusagen „hausgemacht". Zeitungshäuser haben es, bis auf sehr wenige Ausnahmen, versäumt, rechtzeitig zu agieren und zu investieren. Zugunsten von im Vergleich zu anderen Sektoren exorbitanten stabilen Margen, wurde gespart, optimiert und verschlankt oder der Verfall durch Zukäufe und Fusionen gebremst. Investitionen in Personal, Technologie und neue Formate und Produkte im digitalen Bereich fanden und finden nur unzureichend statt. Es wäre sicher nachhaltiger und vorausschauender gewesen, mit kleineren Gewinnen zu leben und in die digitale Gegenwart und Zukunft zu investieren. Angesichts der Geschwindigkeit des Wandels ist dies sogar eine Überlebensfrage, wie die erfolgreichen Unternehmen der digitalen Wirtschaft belegen. Je länger das Versäumnis dauert, desto härter und tief greifender sind die notwendigen Schritte zur Anpassung. An diesem Punkt sind wir nun angekommen und müssen die Frage beantworten: „Wie?".

Das soll die vorliegende Arbeit leisten und die aufgestellten und hier nur kurz angerissenen Thesen anhand von Fakten und klaren Analysen belegen. Eine Umsetzung erfordert dann „nur" noch zweierlei: Mut und Veränderungswille.

Wer traut sich?

Hamburg, Deutschland
im September 2016

Prof. Dr. Andreas Moring

Inhaltsverzeichnis

1 Entwicklung des deutschen Zeitungsmarktes 1
2 Entwicklung der Mediennutzung 9
3 Erlös- und Kostenentwicklung bei Tageszeitungen 29
4 Alles richtig gemacht – und trotzdem falsch positioniert 35
5 „All the news that's fit to print" – die schlanke Tagespresse 55
6 „Weniger ist mehr" – Frequenz runter, Konsistenz rauf 61

Weiterführende Literatur 75

Entwicklung des deutschen Zeitungsmarktes 1

Zu Beginn ist eine kurze Rekapitulation der Entwicklung des deutschen Zeitungsmarktes in den vergangenen Jahrzehnten sinnvoll. Diese Betrachtung hilft zum einen, die jetzige Situation der deutschen Zeitungen und Verlage einzuordnen. Zum anderen werden allein durch diese kurze chronologische wie inhaltliche Betrachtung Zusammenhänge und Einflüsse deutlich, die im weiteren Verlauf der Untersuchung immer wieder auftauchen werden und die auf ihre Bedeutung und ihre künftigen Auswirkungen hin tiefer analysiert und interpretiert werden.

Der aktuelle deutsche Zeitungsmarkt entstand in den ersten Jahren nach dem zweiten Weltkrieg. Zeitung machen, das ging nur mit einer Lizenz. Die Lizenzen vergaben die alliierten Besatzungsmächte für definierte Gebiete. Meist nur eine Lizenz für eine Region (vgl. hierzu und zur Presse- und Zeitungsgeschichte in Deutschland u. a. Stöber 2014; Dussel 2004; Straßner 1999; Pensold 2013; von Hodenberg 2012; Faulstich 2012; Meyn 2012; Schildt 2004, 2009). Die Folge ist ein bis heute zersplitterter kleinteiliger Zeitungsmarkt mit vielen monopolistischen Anbietern in einer Region beziehungsweise einem Verbreitungsgebiet. Eine Lizenz zum Verlegen kann also durchaus mit einer „Lizenz zum Gelddrucken" gleichgesetzt werden. Natürlich braucht ein erfolgreicher Verleger unbedingt Fach- und Sachwissen, wie auch strategisches Geschick und Managementkompetenzen – aber, wo es keine Konkurrenz und keinen Wettbewerb gibt, da stellen sich passable Erlöse und Gewinne für den Monopolisten mehr oder weniger praktisch von selbst ein. Die unternehmerische Hauptaufgabe liegt dadurch bedingt im Verwalten der Produktions- und Distributionsabläufe und in der Optimierung des bestehenden Produkt- und Leistungsportfolios des eigenen Unternehmens und der Effizienzsteigerung der bestehenden Abläufe. Innovationsfähigkeit, Flexibilität, Wettbewerbsdenken über die eigene Branche hinaus und die konsequente Ausrichtung auf die Kundenbedürfnisse und Kundenwünsche im Leser- wie im

© Springer Fachmedien Wiesbaden GmbH 2017
A. Moring, *Zeitungsverlage zu neuem Wachstum führen*,
DOI 10.1007/978-3-658-15569-8_1

Werbekundenmarkt sind unter diesen Umständen keine strategisch und operativ wichtigen Kompetenzen (gewesen) und haben sich daher auch weder auf individueller Ebene noch auf der Ebene der Unternehmenskultur in deutschen Zeitungsverlagen prioritär entwickeln, verfeinern und ausbilden können.

Diese historischen Hintergründe mit ihren Auswirkungen auf das Selbstverständnis und das Selbstbild von Zeitungsunternehmen sind bisher in den verschiedenen Untersuchungen zum Medien- und Zeitungsgeschäft nicht ausreichend berücksichtigt worden. Dabei können der Zustand und das Verhalten von Zeitungsunternehmen nicht richtig verstanden und interpretiert werden, ohne den Weg und die Umstände zu kennen, die für die jüngere und jüngste Vergangenheit prägend und bestimmend gewesen sind. Im weiteren Verlauf der Untersuchung wird dieser Zusammenhang in vielen verschiedenen Aspekten noch deutlicher werden. Unter anderem in der Tatsache, dass sich bis heute die entsprechende Blattmacher- und Managementphilosophie hält, dass es darum ginge, das bestehende Produkt Zeitung und die bestehenden Unternehmensstrukturen zu optimieren. Das ist aber nicht der Fall.

Aus den kollektiven Erfahrungen der vergangenen Jahrzehnte und aus dem so angesammelten Managementwissen heraus, ist dies aber logisch und verständlich ableitbar. Besonders in den ersten Jahrzehnten der neueren Zeitungsgeschichte war auch noch nicht einmal eine Optimierung notwendig. Zeitungen wurden von den Kunden gekauft – egal, was drinstand. Das Bedürfnis nach Informationen war groß, die Zeitung das einzig erschwingliche Massenmedium, welches diese Nachfrage befriedigen konnte. Ernst zu nehmende Konkurrenz gab es nicht. Auch wenn Radio und Fernsehen bereits existierten, so waren sie doch zu teuer, um für jeden Haushalt bezahlbar zu sein und auch vom Inhalt her bedienten Radio und TV eher Unterhaltungs- als Informationsbedürfnisse, noch dazu mit einem aus heutiger Sicht langweiligen, kurzen und eintönigen Programm.

Kein Wunder, dass die Auflagen deutscher Zeitungen und auch die Anzahl deutscher Verlage Mitte der 50er Jahre des vergangenen Jahrhunderts auf Rekordhöhen geklettert waren. 1954 gab es mehr als 600 Verlage allein in Westdeutschland, diese gaben rund 1500 verschiedene Einzeltitel heraus (vgl. BDZV). Die verkaufte Auflage der Tageszeitungen lag bei 13,4 Mio. Stück (vgl. BDZV).

Während die Auflagen der Tageszeitungen in Deutschland in den darauf folgenden Jahren kontinuierlich weiter anstiegen, bewegte sich der Markt bezogen auf die Markteilnehmer in die andere Richtung. Von der Mitte der 1950er Jahre bis zum Ende der 1960er Jahre verschwand knapp ein Drittel der Zeitungshäuser vom Markt (Wirtz 2013, S. 191). Das „Verlags- und Zeitungssterben" ist also keine neue oder außergewöhnliche Entwicklung der jungen 2000er Jahre. Marktbereinigungen gibt es aus verschiedenen Gründen, aber es gab sie zu jeder

1 Entwicklung des deutschen Zeitungsmarktes

Epoche der Mediengeschichte. Die erste Marktbereinigung der jüngeren Zeitungsgeschichte in Deutschland war dem klassischen Verdrängungs- und Kostenwettbewerb geschuldet. Größere Verlage spielten ihre Vorteile durch Skalen- und Verbundeffekte und Fixkostendegressionseffekte gegenüber kleineren Zeitungshäusern aus und übernahmen diese, verdrängten sie bewusst aus deren Verbreitungsgebieten oder es kam zu Fusionen, um kritische Größe zu erreichen und so das wirtschaftliche und publizistische Wachstum zu sichern.

Die 60er und 70er Jahre können als die Boomzeiten der deutschen Zeitungsentwicklung bezeichnet werden. Bis zum Anfang der 80er Jahre stieg die Auflage der Zeitungen in Westdeutschland um mehr als 60 % auf mehr als 21 Mio. Stück (vgl. BDZV; Statista 2015a). Beigetragen zu dieser Steigerung haben der generelle wirtschaftliche Aufschwung in Deutschland, mehr verfügbares Haushaltseinkommen und mehr freie Zeit für den Medienkonsum. Die Konkurrenz durch die anderen Massenmedien Fernsehen und Radio hielt sich weiter in Grenzen. Auch das gesellschaftliche und politische Klima besonders der späten 60er und der 70er Jahre trug zum Aufschwung und dem Bedeutungszuwachs der (regionalen) Tageszeitungen bei. Diskurse, Diskussionen und Meinungen wurden vor allem in und über Zeitungen ausgetragen. Die Zeitung war die Plattform, auf der sich der soziale und politische Dialog abspielte und die für interessierte Menschen unabdingbar war, um am gesellschaftlichen Leben teilhaben zu können. Neben dieser Funktion der Zeitung als „sozialer Kitt" einer Gesellschaft, erfüllte die Zeitung als tägliches Gebrauchs- und Konsumgut auch die Rolle eines Status- oder Lifestyle-Symbols. Zeitung zu lesen oder auch nur mit sich herum zu tragen, war ein klares Statement, ein Zeichen der Zugehörigkeit zur gebildeten Gesellschaft. Je nachdem, welche Zeitung gekauft und gelesen wurde, bedeutete dies auch eine klare Zuordnung und Selbstvergewisserung des eigenen Status in der Gesellschaft. Es war eine anerkannte und unterschwellig auch erwartete gesellschaftliche Konvention, irgendeine Zeitung zu lesen. Solche Konventionen und Regeln der Gesellschaft ändern sich; heute gehört es beispielsweise zur Konvention, ein Smartphone zu besitzen und via Web-Services, Social Media oder Messenger-Diensten am gesellschaftlichen Leben im großen wie kleinen Rahmen teilzuhaben.

Der Beginn der Veränderung solcher gesellschaftlichen Konventionen und Traditionen setzte in Deutschland in den 1980er Jahren ein. Familiäre und gesellschaftliche Rituale und bisher als typisch angenommene Lebens- und Alltagsläufe lösten sich zunehmend auf und wurden durch neue ersetzt (Bösch 2011, S. 198 ff.). Mit dieser Veränderung begannen sich auch das Selbstverständnis von Zeitungsredaktionen und Verlagsleitungen und die Erwartungshaltung und Lebenswelt der Leser zunächst leicht und fast unmerklich auseinander zu entwickeln. In eben dieser Zeit begann auch der Reichweitenverfall und Leserverlust der deutschen Zeitungen. Bereits 1983 hatte die Zahl der verkauften Zeitungen in Westdeutschland mit knapp über 21 Mio. Stück ihren Höhepunkt erreicht; in ganz Deutschland, also BRD und DDR zusammen betrachtet, lag die Zahl der verkauften Zeitungen bei rund 30 Mio. Stück (vgl. BDZV). Bis zum Beginn der 80er Jahre waren auch die Anzeigenumsätze kontinuierlich gestiegen und lagen bei rund drei Milliarden Euro im Tageszeitungsgeschäft (vgl. BDZV). Insofern ließ sich die beschriebene gesellschaftliche Trendwende in den reinen wirtschaftlichen Kennzahlen gerade nicht erkennen. Ganz im Gegenteil. Auch die zunehmende mediale Konkurrenz durch Privatfernsehen und privates Radio hatte zunächst nur überschaubare Auswirkungen. Jedoch gab es nun mit einer höheren Senderauswahl und Programmvielfalt und mit neuen Medienkonsumtechnologien wie etwa Video neue und zunehmend mächtige Konkurrenz im Kampf um die Zeit und die Aufmerksamkeit der Kunden.

Das letzte Jahrzehnt des 20. Jahrhunderts brachte einen erneuten Aufschwung des Zeitungsgeschäfts mit sich. Die 90er waren die letzte Party der Zeitungsverlage in Deutschland. Bedingt durch die deutsche Wiedervereinigung etablierte sich mehr oder weniger mit einem Schlag ein deutlich größerer Markt für Zeitungsverkauf und Werbevermarktung. Dennoch erreichten die Auflagen- und Reichweitenzahlen auch nach der deutschen Einheit schon nicht mehr die Spitzenwerte wie zu Beginn der 80er Jahre. 1991 lag die Gesamtauflage in Deutschland bei 27,3 Mio. Stück (Statista 2015b). Seitdem gehen die Auflagenzahlen deutscher Zeitungen kontinuierlich zurück. Bis ins Jahr 2015 auf rund 16 Mio. Stück. Das entspricht einem Minus von 42 %. In einem Vierteljahrhundert haben die deutschen Zeitungen also fast die Hälfte ihrer Auflage verloren. Das Produkt ist offensichtlich für den potenziellen Konsumenten in sehr großen Teilen oder sogar generell nicht mehr attraktiv genug, um es zu lesen oder auch um sein Geld dafür auszugeben.

Dafür ließen in derselben Zeit der globale und nationale Wirtschaftsaufschwung nach dem Ende des Kalten Krieges das Anzeigengeschäft sehr gut laufen und die Werbeerlöse sprudeln. Hinzu kam der Börsenboom zwischen 1998 und 2000. Lagen die Anzeigenumsätze der deutschen Tageszeitungen 1990 bei 4,12 Mrd. EUR, stiegen sie innerhalb eines Jahrzehnts auf den absoluten Höhepunkt mit 6,55 Mrd. EUR im Jahr 2000 (ZAW, div. Jahrgänge). Diese Erlössteigerung um rund 63 % konnte die Vertriebsverluste durch weiter langsam fallende Auflagen ohne Probleme bei Weitem überkompensieren. Zudem waren die Papierpreise in den 90er Jahren extrem niedrig (FAZ 2014). Diese verschiedenen positiven Faktoren im Geschäft mit den Werbekunden und in der Beschaffung führten zu einer falschen Wahrnehmung der mittel- und langfristigen Trendwende und der grundlegenden Veränderungen im Konsumenten- beziehungsweise Lesermarkt.

Die Zäsur der Jahrtausendwende: sinkende Auflagen, weniger Anzeigen, neues Nutzungsverhalten
Seit der Jahrtausendwende haben die deutschen Tageszeitungen allgemein noch einmal rund ein Viertel ihrer Auflage und Reichweite verloren. Während einige Titel deutlich weniger als im Durchschnitt verloren haben, hat sich bei anderen Zeitungen die Auflage um ein Drittel oder sogar um fast die Hälfte verringert. Dabei ist das keine nationale, sondern eine internationale Entwicklung. Der durchschnittliche Auflagenverlust pro Jahr liegt über die vergangenen Jahre recht konstant zwischen zwei und vier Prozent (Pasquay 2016). Die Anzeigenumsätze sind in derselben Zeit ebenfalls rapide um mehr als 50 % gefallen und liegen aktuell bei rund zwei Milliarden Euro für Tageszeitungen (Pasquay 2016). Das ist nur noch ein Drittel der Rekordumsätze aus dem Jahr 2000 und weniger als die Hälfte der Umsätze von 1990. Insgesamt hat sich das Verhältnis von Vertriebs- und Anzeigenerlösen umgekehrt. Machten die Anzeigenerlöse um das Jahr 2000 herum mindestens zwei Drittel aller Erlöse aus, so sind es heute die Vertriebseinnahmen, die für bis zu zwei Drittel der Erlöse verantwortlich sind, die Werbeerlöse machen in den meisten Fällen nur noch zwischen 30 und 40 % aus. Die Verkaufspreise der Tageszeitungen sind in den vergangenen Jahren deutlich gestiegen, allerdings zeichnet sich hier langsam ein Ende für weitere Preiserhöhungsmöglichkeiten ab. Kunden sind zunehmend weniger bereit, für immer dünnere Zeitungen mit immer mehr Agentur- oder „Contentpool"-Material immer höhere Preise zu berappen.

Die sich bereits in den 1990er Jahren manifestierende Trendwende wurde in den vergangenen zehn Jahren durch die Vielfalt und Leistungsfähigkeit von Onlineanwendungen extrem verstärkt. Neben Lesern wenden sich seit Jahren auch die Anzeigenkunden meist besseren, günstigeren und effektiveren Methoden der Werbung und Kundenkommunikation über das (mobile) Internet zu. Zwar bauen Zeitungsverlage ihre Onlineaktivitäten aus, allerdings in den allermeisten Fällen nicht so erfolgreich, um die Verluste im Printgeschäft ausgleichen zu können. Insofern gehen trotz vorhandenem Wachstum im Onlinebereich die Gesamtumsätze der Zeitungshäuser, quasi im Gleichklang mit den Auflagen, um zwei bis fünf Prozent pro Jahr zurück. Besonders die Altersgruppen zwischen 14 und 40 Jahren lassen sich von dem Produkt gedruckte Tageszeitung quasi gar nicht mehr überzeugen. Das ist aber eine Gruppe, die in den vorherigen

Jahrzehnten als die wichtigste (Neu-)Kundengruppe galt. Wer in den Jahren der Ausbildung, des Berufseinstiegs und der Familiengründung nicht zum Zeitungsleser wird, der wird es auch später nicht mehr. Als Folge der beschriebenen Entwicklung ist seit ungefähr 2008 eine zweite Bereinigungswelle, nach der ersten ab Ende der 50er Jahre, im deutschen Zeitungsmarkt zu beobachten, die von Übernahmen, Verkäufen und Fusionen geprägt ist. So zum Beispiel Ver- und Zukäufe durch die Verlagsgruppe Madsack bei Regionaltiteln, Zukäufe und Übernahmen von Regionaltiteln in Süddeutschland durch die Presse Druck Gruppe Augsburg oder der Verkauf mehrere Zeitungs- und Zeitschriftentitel der Axel Springer AG an die Essener Funke Gruppe oder die Übernahme des Schleswig-Holsteinischen Zeitungsverlages durch die Neue Osnabrücker Zeitung 2016.

Die Geschwindigkeit dieser Entwicklung wurde (und wird) von fast allen Zeitungsmachern und Verlagsmanagern deutlich unterschätzt oder gar bewusst ausgeblendet. Die Fokussierung der Beschreibungen und Deutungen des Geschehens liegt zumeist auf den Bestandskunden, nicht auch auf den Kunden, die es zu erreichen gelte – also den Nicht-Zeitungslesern. In Bezug auf die Änderung von Nutzungsgewohnheiten sehen sich Medienunternehmen und Zeitungsverlage einer Dynamik gegenüber, die so bisher nur in sehr wenigen Branchen zuvor beobachtbar war und die selbst renommierte Branchen- und Medienexperten überrascht. Dazu trägt auch die Tatsache bei, dass sich die Ergebnisse des Kerngeschäfts noch eine recht lange Zeit gut bis sogar sehr gut darstellen, der eigentliche Absturz des bisherigen Geschäftsmodells dann aber nur umso schneller eintritt. Dazu Clay Christensen: „I think we didn't quite understand, and still don't really understand, how quickly things fall off the cliff. I think the reason why this happens is that, even as the disruption is getting more and more steam in the marketplace, the core business persists, and really quite profitable for a very long time. Then, when the disruption gets good enough to address the needs of your customers, very quickly, all of a sudden, you go off the cliff" (Benton 2012).

Eine Folge davon ist, dass die Zeitung unter anderem das News-Monopol verliert und zwar auf allen Ebenen. Informationen und Neuigkeiten sind über Apps, Webseiten, Timelines in sozialen Netzwerken und Messenger besser, einfacher und schneller zu bekommen und angenehmer zu konsumieren. Gegen Radio und Fernsehen konnte die Zeitung sowieso noch nie in puncto Aktualität und Geschwindigkeit bestehen. Das gilt für sogenannte Weltnachrichten, Wirtschafts- und Sportneuigkeiten und auch für lokale Nachrichten aus dem Umfeld der Kunden. Lokale Relevanz definiert sich letzten Endes nicht geografisch, sondern in der vorhandenen oder nicht vorhandenen persönlichen Betroffenheit des Individuums. Die Lieferung persönlich relevanter Informationen und die Möglichkeit des

Dialogs, aktiv oder passiv, mit dem lokalen relevanten und persönlichem Umfeld bieten soziale Netzwerke schon heute viel besser, als es eine Zeitung zu leisten imstande wäre. Die Zeitung hat für die Mehrheit der Menschen ihre einstmals so wichtige und identitätsstiftende Funktion als ein „soziales Medium" fast komplett verloren.

Literatur

BDZV Bund deutscher Zeitungsverleger (Hrsg) Jahrbuch deutsche Zeitungen 2015 und vorherige Jahrgänge, Berlin (jährliche Erscheinungsweise)

Benton J (2012) Clay Christensen on the news industry: "We didn't quite understand…how quickly things fall off the cliff". niemanlab. http://www.niemanlab.org/2012/10/clay-christensen-on-the-news-industry-we-didnt-quite-understand-how-quickly-things-fall-off-the-cliff/?relatedstory. Zugegriffen: 22. Aug. 2016

Bernau P, Hank R, Petersdorff W von (2014) In eigener Sache, FAZ. http://www.faz.net/aktuell/wirtschaft/unternehmen/zeitungen-in-der-krise-medienwandel-und-internet-13089556.html?printPagedArticle=true#pageIndex_2. Zugegriffen: 27. Aug. 2016

Bösch F (2011) Mediengeschichte. Campus, Frankfurt a. M., S 198 ff.

Dussel K (2004) Deutsche Tagespresse im 19. und 20. Jahrhundert. LIT, Münster

Faulstich W (2012) Die Mediengeschichte des 20. Jahrhunderts. Fink, München

Hodenberg C von (2012) Media History after 1945. Beck, München

Meyn H (2012) Massenmedien in Deutschland. UVK, Konstanz

Pasquay A (2016) Zur wirtschaftlichen Lage der Zeitungen in Deutschland 2015 (Hrsg. v. BDZV), Berlin

Pensold W (2013) Medien.Welten. Die Kulturgeschichte der modernen Mediengesellschaft. Ueberreuter, Wien

Schildt A (2004) Medialisierung und Konsumgesellschaften in der zweiten Hälfte des 20. Jahrhunderts. Klartext, Essen

Schildt A (2009) Deutsche Kulturgeschichte: Die Bundesrepublik 1945 bis zur Gegenwart. Hanser, München

Statista (2015a) Dossier Zeitungen. http://de.statista.com/statistik/studie/id/6551/dokument/zeitungen-statista-dossier/. Zugegriffen: 12. Aug. 2016

Statista (2015b) Verkaufte Auflage der Tageszeitungen in Deutschland bis 2015. http://de.statista.com/statistik/daten/studie/72084/umfrage/verkaufte-auflage-von-tageszeitungen-in-deutschland/. Zugegriffen: 12. Aug. 2016

Stöber R (2014) Deutsche Pressegeschichte. UVK, Konstanz

Straßner E (1999) Zeitung. De Gruyter, Tübingen

Wirtz BW (2013) Business Model Management. Design – Instrumente – Erfolgsfaktoren von Geschäftsmodellen. Gabler, Wiesbaden, S 191

ZAW Zentralverband der Werbewirtschaft (Hrsg) Werbung in Deutschland (div. Jahrgänge)

Entwicklung der Mediennutzung 2

Betrachten wir die Mediennutzung in Deutschland (für andere europäische oder westliche Länder gilt das ebenfalls), so können wir langfristige Trends und Verschiebungen im Medienmix der Konsumenten, oder besser, der Gesellschaft erkennen. Waren in den 1950er, 1960er und 1970er Jahren noch das Radio und vor allem die Tageszeitungen die meistgenutzten Medien, so änderte sich das seit Mitte der 1980er Jahre deutlich. Die Dominanz von Print und Radio in den ersten genannten Jahrzehnten lässt sich recht einfach nachvollziehbar erklären. Das Fernsehen stellte in puncto Programmfülle und Abwechslung keine ernst zu nehmende Konkurrenz um das Zeitbudget der Menschen dar. Vorläufer des Internets existierten zwar schon seit den 70er Jahren, jedoch noch in keinem Falle nutzbar für den privaten (Medien-)Konsum. Wer auf dem Laufenden sein wollte, der war in erster Linie auf die Tageszeitung angewiesen. Wer mitreden und Teil des gesellschaftlichen Lebens sein wollte, der kam an der Tageszeitung nicht vorbei. Im Unterhaltungsbereich übernahm zwar das Fernsehen immer mehr die Rolle des Lieferanten von Massenerlebnissen, in politischen und gesellschaftlichen und vor allem regionalen Dimensionen war und blieb dagegen die Tageszeitung der Platzhirsch auf diesem Feld.

Das änderte sich mit dem Aufkommen des privaten Rundfunks, also Radio und Fernsehen, Mitte der 1980er Jahre. Das alternative Angebot in Konkurrenz zu den bisherigen etablierten Medien und Nachrichtenquellen wuchs beständig an. Und damit wurde auch die Konkurrenz um die Zeit und die Aufmerksamkeit der Kunden beständig immer härter. Die weitere Entwicklung und Vereinfachung von Telekommunikation und vor allem digitaler Kommunikation in Form des World Wide Web und mobiler Geräte verschärfte diesen Verdrängungswettbewerb um das begrenzte Zeitbudget der Kunden noch weiter. Interessant ist hier der genaue

Blick auf die einzelnen Medien: Welche haben in den vergangenen rund 20 Jahren ihren Anteil an diesem Budget ausbauen können und welche haben verloren? Die durchschnittliche Nutzungsdauer des Fernsehens ist in den vergangenen rund zwei Jahrzehnten gestiegen. Lag die Nutzungsdauer Mitte der 1990er Jahre noch bei ziemlich genau drei Stunden (180 min), so wird heute Fernsehen mit rund 220 min deutlich länger genutzt (Statista 2016c). Die Nutzungsdauer des Radios liegt über den gleichen Zeitraum betrachtet recht stabil bei rund drei Stunden pro Tag (Statista 2016a). Diese beiden klassischen Mediengattungen haben also in Zeiten der fortschreitenden Digitalisierung nicht verloren, sondern sind im Falle des Fernsehens sogar stärker geworden. Die Nutzungsdauer von Zeitschriften und Zeitungen hat dagegen abgenommen. Zwar ist die Nutzungsdauer der Zeitungsleser relativ stabil zwischen 35 und 40 min pro Tag (BDZV 2014/2015; vgl. hierzu auch verschiedene Studien u. a. Institut für Demoskopie Allensbach; Zeitungs Marketing Gesellschaft ZMG; Medienperspektiven). Doch bezieht sich das eben nur auf die Zeitungsleser, von denen es immer weniger gibt. Weiter ist interessant, dass sich die Lesedauer nach dem Alter der Zeitungsleser richtet. Je älter der Zeitungsleser ist, desto länger ist auch die Lesedauer (vgl. hierzu Best und Engel 2011). Das hat etwas mit tradierten Lese- und Informationsgewohnheiten zu tun, die in anderen Zeiten und unter anderen Umständen in Bezug auf technologische Möglichkeiten und die Fülle an Informations- und Unterhaltungsalternativen gebildet worden sind, und die sich als persönliche Rituale und Gewohnheiten auf der Mikroebene erhalten. Andersherum ausgedrückt: Besonders die Kunden in der Altersgruppe 50 Jahre und jünger lesen, wenn sie überhaupt noch Zeitungen lesen, mit absteigendem Alter auch immer kürzer Zeitungen. In der jüngsten Altersgruppe um 20 Jahre beträgt die Lesedauer der Zeitung, wenn überhaupt eine gelesen wird, zwischen zehn und 19 min (Statista 2015a). Der Anteil des Zeitbudgets für die Zeitungslektüre ist also, auf den gesamten Markt bezogen, in der Makroebene in den vergangenen zwei Jahrzehnten sehr deutlich zurückgegangen.

Im Gegensatz dazu ist, wenig überraschend, die Nutzung verschiedener online basierter Informations- und Kommunikationsanwendungen gestiegen. Lag die private Nutzung von Internetdiensten vor zwanzig Jahren noch im einstelligen Minutenbereich pro Tag oder fand überhaupt nicht statt, so betrug die Zeitspanne der Internetnutzung zehn Jahre, später bereits mehr als eine Dreiviertelstunde pro Tag und liegt heute bei rund zwei Stunden pro Tag (vgl. hierzu u. a. Media Perspektiven, versch. Jahrgänge).

Diese Beobachtung der Verschiebungen in der Mediennutzung zeigt auch, dass die Gesamtnutzungsdauer von Medien gestiegen ist. Der Zuwachs beispielsweise der Onlinenutzung geht ja nicht voll auf Kosten der anderen Mediengattungen.

2 Entwicklung der Mediennutzung

Der Zuwachs der Gesamtnutzungszeit kommt daher zustande, dass es gerade mit mobilen Geräten möglich ist, zu jeder Zeit und an beinahe jedem Ort in jeder Situation, das eigene Informations- und Kommunikationsbedürfnis zu befriedigen. Die Mediennutzung diffundiert also in diesem Sinne in andere Alltagssituationen und Alltagsbeschäftigungen hinein. Auffällig ist, dass bei einem gestiegenen Zeitbudget für Informationskonsum und Kommunikation alle Medien gewinnen oder zumindest stabil bleiben, bis auf eine: Die täglich erscheinende gedruckte Zeitung.

Schon diese nur sehr grobe Beobachtung zeigt klar, dass die Tageszeitung in ihrer tradierten und auch heute im Grunde immer noch aktuellen, prinzipiell und konzeptionell unveränderten Form mehrere Probleme hat. Sie passt nicht zu den Alltagsritualen und Gewohnheiten der großen und ständig wachsenden Zahl an Konsumenten und damit potenziellen Kunden. Sie kann die Erwartungen der Konsumenten in Bezug auf Leistung und Nutzen des Produktes nicht erfüllen. Sie verliert damit in zunehmender Geschwindigkeit auch die Grundlagen eines eigenen ökonomisch sinnvollen und nachhaltigen Geschäftsmodells.

Bevor wir analysieren, worin genau die Probleme liegen und welche Schlüsse daraus zu ziehen sind, werden wir zunächst einen spezielleren Blick auf die aktuelle Informations- und Kommunikationsnutzung über verschiedene Medien betrachten und die Erwartungen der Konsumenten untersuchen.

Was erwarten Konsumenten von Medien?
Mehr als 80 % der Deutschen lesen nach Angaben des Branchenverbandes BDZV Tageszeitungen, gedruckt und Online (Pasquay 2014). Allerdings nicht täglich, sondern relativ regelmäßig, was auch nur ein- oder zweimal im Monat bedeuten kann. Die eigentliche Frage, die sich hinter der vermeintlichen Erfolgszahl 80 % versteckt, lautet doch vielmehr: Warum schaffen es die Anbieter nicht bei einer Marktdurchdringung von 80 % der Bevölkerung, eine Bindung zu erzeugen? Wieso werden die erreichten Menschen nicht zu Lesern und Kunden, die Geld zu zahlen bereit sind und sich binden, zum Beispiel über ein Abonnement?

Die Änderungen des Nachrichtenkonsums lassen sich sehr gut verstehen und analysieren, wenn man sich verschiedene Alterskohorten und ihre Verhaltensweisen ansieht (die folgenden Beschreibungen basieren grundsätzlich auf der Allensbacher Computer und Technik Analyse ACTA aus den vergangenen Jahren): Nur noch etwas weniger als ein Drittel der Menschen zwischen 20 und 39 Jahren sagen, die Tageszeitung gehöre zu ihren wichtigsten Nachrichtenmedien. Rund die Hälfte aller Menschen unter 30 Jahren geben an, für die tägliche Information keine Zeitung mehr zu brauchen, sondern vielmehr mit elektronischen Medien auszukommen. In der Altersgruppe bis 40 Jahre sind es rund 40 %.

In den Altersgruppen darüber liegt der Anteil der „Zeitungsverzichter" dagegen zwischen 17 und 26 %. Die 14- bis 29-Jährigen lesen, wenn überhaupt, höchstens noch zehn Minuten pro Tag Zeitung. Und das auch nicht unbedingt am Stück und vornehmlich online. Diese Zahlen sind noch eindrucksvoller – und für Zeitungsmanager und Chefredakteure bedenklicher – vor dem Hintergrund, dass der durchschnittliche Medienkonsum pro Tag bei bis zu zehn Stunden liegen kann. Nutzungszeiten von bis zu zehn Stunden kommen zustande, da auch der eher passive Medienkonsum gezählt wird, zum Beispiel, wenn während der Arbeit oder während des Autofahrens das Radio läuft, oder während der Arbeit in der Küche der Fernseher angeschaltet ist.

Die wichtigsten Nachrichtenquellen für Menschen unter 40 Jahren sind Fernsehen und Onlinequellen – momentan gleichauf. In den kommenden Jahren wird sich dieser Gleichstand zugunsten der Onlinequellen verschieben. Ebenso wie die Zeitung als statisches Medium an Kunden verliert, gerät auch das klassische lineare Fernsehen mit seinem starren Programmkorsett gegenüber den flexiblen und mobilen Nachrichten- und Unterhaltungsangeboten über Plattformen, Streaming-Portale und Applikationen ins Hintertreffen.

Das liegt zum einen daran, dass digitale Applikationen auf den entsprechenden Endgeräten einfacher, schneller und bequemer zu bedienen und zu nutzen sind. Zum anderen spielt die Veränderung der Tagesabläufe eine wichtige Rolle. Stabile und festgelegte Arbeitszeiten gehören immer mehr der Vergangenheit an. Morgendliche Rituale entfallen und damit auch das althergebrachte Zeitungslesen am Morgen. Strukturen in der Gesellschaft verändern sich. So kann heute generell eine Beschleunigung des Alltags und damit auch der Informationsgewohnheiten konstatiert werden. Das beginnt bereits am Morgen. Unter der Dusche und bei der morgendlichen Körperpflege wird bereits das Medium Radio als typisches Nebenbei-Medium genutzt. So ist bereits hier das erste Unterhaltungs- und Informationsbedürfnis gestillt. Radiosender haben sich mit ihren „Morningshows" darauf schon seit Längerem eingestellt und bieten neben Musik vor allem hier eine Vielfalt an Informationen, Nachrichten und Serviceformaten. Man kann also sagen: Wenn Menschen aus dem Bad kommen, sind sie bereits gut „gebrieft". Die bisherige Domäne der Tageszeitung am Morgen gerät immer mehr unter Druck. Zum einen durch das Fernsehen, zum anderen durch tragbare Geräte, die den Menschen Onlinezugang zu allen möglichen Informationen eröffnen. Sogenanntes Frühstücksfernsehen trägt den eigenen Anspruch klar im Namen, nämlich die Aufmerksamkeit der Menschen beim Frühstück auf sich zu ziehen – und weg von der Lektüre der gedruckten Zeitung. Gleichzeitig bieten Tabletgeräte und Smartphones eine Alternative zum Papierprodukt. Bei einer guten Netzabdeckung oder über ein eigenes WLAN ist die Onlinenutzung von Nachrichtenquellen mittlerweile sogar bequemer als das Zeitungslesen. Interessant ist in diesem Zusammenhang, dass die erfolgreichsten Tageszeitungen in Deutschland in Gebieten erscheinen, die durch eine schlechte Onlineversorgung gekennzeichnet sind und des Weiteren durch sehr starke traditionelle und egalitäre soziale Strukturen (Meedia 2014). Zudem sind die Nachrichten und andere Serviceinformationen per Web oder App einfach aktueller als in der gedruckten Zeitung, die ihren „Redaktionsschluss" am vorigen späten Nachmittag oder Abend hatte. Auch wird ein Teil der ohnehin eher knappen Zeit am Morgen verwendet, um einen Blick in die eigene Social-Media-Umgebung zu werfen. Hier wird mit persönlich relevanten Nachrichten gerechnet, da es sich um Infos aus dem erweiterten Freundes- und Bekanntenkreis handelt, die man besser nicht verpassen will. Informationen zur Lebenswelt der eigenen Freunde und der Austausch mit ihnen sind die unangefochtenen Top Nutzungsgründe für soziale Netzwerke. Das gilt für die jüngeren, als auch für die sogenannten älteren Jahrgänge jenseits der 50-Jahre-Grenze (Vgl. u. a. Faktenkontor 2016). Zudem kann jeder Mensch hier bereits über einen Post oder ein Like aktiv am „sozialen Leben" teilnehmen und muss sich nicht auf den passiven Konsum des Zeitungslesens beschränken. Die Zeit wird knapp für die Zeitung und es gibt zunehmend bequemere Alternativen am Morgen.

Das gilt auch für den weiteren Tagesverlauf. In Bussen und Bahnen sind nur noch vereinzelt Zeitungsleser zu entdecken. Die meisten Menschen schauen auf die Screens ihrer Smartphones oder Tablets. Diejenigen, die mit dem Auto unterwegs sind, blättern in Ampelpausen oder auch während der Fahrt nicht in einer Zeitung, hören wohl aber Radio und werfen den ein oder anderen Blick schnell mal zwischendurch auf ihre Smartphones, auf dem Messenger-, Social-Media- oder Newsapps geöffnet sind. Während das Leseverhalten bei Printprodukten dadurch geprägt ist, dass Leser den jeweiligen Artikel auch am besten am Stück durchlesen wollen, ist dasselbe Leseverhalten bei mobilen Geräten anders. Hier sind Nutzer auch mit einem kurzen Blick und dem Erfassen einer Meldung oder eines Posts in drei, fünf oder zehn Sekunden völlig zufrieden.

Sogar während der Arbeitszeit ist dieses Mediennutzungs- und Informationsverhalten festzustellen. Während der Arbeitszeit am Arbeitsplatz noch Zeitung zu lesen oder eine Reportage in einem Magazin, ist in den allermeisten Unternehmen und in der Wahrnehmung der Mitarbeiter nicht akzeptabel. Der Blick auf das Smartphone oder auf eine News oder Social-Media-Webseite am Bildschirm gilt dagegen als fast schon selbstverständlich – und wird deswegen auch praktiziert (Faktenkontor 2016; Statista 2014d; Statista 2015b; Statista 2015c; Statista 2016b). Während der Mittagspause gilt das sowieso.

Am Nachmittag oder Abend stehen Freizeitbeschäftigungen oder Sport im Vordergrund, die nicht unbedingt typisch für Zeitungslesen sind. Der Blick in die Tageszeitung ist am Abend eher weniger notwendig, da sie gemeinhin den Stand der Informationen von vor 24 oder mehr Stunden widerspiegelt. Einen Grund, sie jetzt noch zu kaufen, gibt es schon gleich gar nicht. Zudem gibt es auch keine Angebote von gedruckten Zeitungen am Abend. (Im Unterschied zu anderen Epochen, die durchaus „Abendblätter", „Abendnachrichten" oder „Abendzeitungen" hatten, deren Namen auch heute noch bestehen.) Zudem ist auch hier das Alternativangebot sehr groß und reicht von den Klassikern wie beispielsweise der Tagesschau und dem Abendprogramm über Webseiten, Apps und Social-Media-Plattformen bis hin zu neueren Formaten in Form von Streaming-Angeboten wie Netflix, die um die Aufmerksamkeit und die Zeit den potenziellen Kunden konkurrieren.

Es zieht sich also das Phänomen einer beschleunigten und differenzierten Zeitbudgetierung des Medienkonsums durch den gesamten Tagesverlauf. Und das hat Folgen. Genauso wie der Kauf von Konsumgütern nicht allein davon abhängt, welchen Nutzen Konsumenten sich davon erwarten, sondern auch davon, wie viel Geld für den Konsum zur Verfügung steht, ist davon auszugehen, dass das individuelle Mediennutzungsverhalten mit der täglich verfügbaren Zeitmenge, in der Medien genutzt werden können, variiert (Seufert und Wilhelm 2014). Mit zunehmender Freizeitmenge steigt die Nutzung aller Medien an, allerdings ist der Effekt unterschiedlich stark. Beim Medium Fernsehen ist der Einfluss der verfügbaren Freizeit doppelt so stark wie bei der Hörfunk-, Internet- oder Zeitungsnutzung (Seufert und Wilhelm 2014). Es gibt keine systematische Komplementärbeziehung zwischen zwei Mediengattungen in der Art, dass eine größere (oder geringere) Nutzungsdauer des einen Mediums systematisch mit einer größeren (oder geringeren) Nutzungsdauer eines anderen Mediums einhergeht. Starke Zeitungsleser sind also beispielsweise nicht automatisch auch starke Internetnutzer (Seufert und Wilhelm 2014). Langfristig, so kann man eindeutig feststellen, verändert das Auftreten eines neuen Mediums die Präferenzen für die alten Medien. Vergleicht man das Mediennutzungsverhalten von 1995 und 2005 beziehungsweise 2010, so zeigt sich, dass die stärkere Nutzung von Onlineangeboten zu einem Rückgang der Präferenzen für alle anderen Mediengattungen geführt hat. Dabei waren diese Verdrängungseffekte zwischen 2005 und 2010 nur noch gering. Die wesentlichen Verhaltensänderungen haben bereits im Zeitraum von 1995 bis 2005 stattgefunden. Mit der Verbreitung des mobilen Internets gibt es vor allem weniger Personen, die ihre Freizeit bevorzugt zur Zeitungslektüre nutzen. Der negative Einfluss auf die Präferenz für Zeitungsnutzung in der

Freizeit war jeweils doppelt so stark wie der negative Effekt auf die Präferenzen zur Radio- bzw. TV-Nutzung in der Freizeit (Seufert und Wilhelm 2014). Hinzu kommen weitere Substitutionseffekte zwischen gedruckter Tageszeitung und Onlineangeboten. Sowohl bei der allgemeinen Informationsorientierung (Surveillance), das heißt beim Nachrichten-Update im Tagesablauf, als auch bei der gezielten Informationssuche (Guidance) schneiden Onlineangebote stets besser ab als die Printzeitung. Dagegen ergibt sich gemeinhin weder bei der Unterhaltung noch bei der Sozialfunktion ein signifikanter Unterschied zwischen den beiden Zeitungsvarianten (vgl. Mögerle 2009 – anzumerken ist hier, dass die Ergebnisse der Untersuchung aus den Jahren 2007, 2008 und 2009 stammen, heute also durch die deutlich fortgeschrittene Mobilnutzung von Medien- und Unterhaltungsangeboten davon auszugehen ist, dass insbesondere der Substitutionseffekt deutlich zugenommen haben dürfte.) Generell kommen Untersuchungen zum Nutzungsverhalten zu dem ganz klar überwiegenden Ergebnis: Je mehr Gratifikationen und je weniger Restriktionen Online-Informationsangebote einem Nutzer bieten, desto mehr nimmt die Onlinenutzung relativ zur Printnutzung zu.

Gesellschaftliche Bedürfnisse bestimmen die Mediennutzung
Eben solche und vergleichbare Veränderungen im Mediengebrauch und das Aufkommen neuer Medien gingen historisch überwiegend oft mit dem Wandel gesellschaftlicher Gruppen einher (Bösch 2011, S. 232 ff.). Das ist auch heute und in den vergangenen Jahren und Jahrzehnten so (gewesen). Und auch andere Erscheinungen, die heute als neu oder „typisch für das Internetzeitalter" bezeichnet und gedeutet werden, sind in der historischen Perspektive der Mediennutzung genau das eben nicht. Medieninnovationen und damit einhergehende Veränderungen können als „Antworten auf aktuelle soziale Bedürfnisse" (Bösch 2011, S. 227) gedeutet werden. Interessant und bezeichnend zugleich ist die Tatsache, dass sich vielfach nicht intendierte Praktiken in der Nutzung neuer Medientechnologien im Massengebrauch durchsetzen und so neue Nutzungsmuster und neue Märkte entstehen. Social Networks und Messenger-Dienste, früher einmal die gute alte SMS, sind hierfür Beispiele. Hier wurden Technologien für das Bedürfnis der schnellen Datenübertragung in Wirtschaft, Handel und Wissenschaft, in angepasster Form von Privatnutzern sozusagen okkupiert und entwickelten sich zu neuen Geschäften, Branchen und Kommunikationsformen. Eine weitere Parallele zu früheren Medienrevolutionen besteht eben in dieser angesprochenen Übernahme von neuen Kommunikationsmethoden und Technologien durch private Nutzer und damit deren Individualisierung. Neue Medien starteten meist mit einer gemeinsamen Nutzung, bevor sich eine private Aneignung durchsetzte.

„Orte der kollektiven Aneignung waren etwa Marktplätze (Flugblätter), Kaffee- und Wirtshäuser (Zeitungen), Lesegesellschaften (Zeitschriften) oder Fernsehstuben, ebenso wie Internetcafés den ersten Zugang zur digitalen Kommunikation boten, bevor sich die private Nutzung des PCs etablierte" (Bösch 2011, S. 230). Internetkommunikation befördert zunächst eine funktionale Ausdifferenzierung der Gesellschaft und die Ausbildung von Interessengruppen. Die gemeinschaftliche oder regionale oder nationale Kommunikationsstiftung insbesondere von Zeitungen, aber auch von Fernsehen, geht vor diesem Hintergrund der technologisch gestützten und geförderten Individualisierung immer weiter verloren. Historisch zeigt sich hier jedoch, dass sich nach einiger Zeit einzelne gut sichtbare und reichweitenstarke Medien und Medienkonglomerate stets herausbildeten. Im Zeitalter der Onlinekommunikation kommt es also darauf an, verschiedene individualisierte Einzelleistungen in einem Konglomerat oder auf einer Plattform oder einer vernetzten Vertriebs- und Vermarktungsbasis abzuwickeln. Die klassische Tageszeitung ist als starres und analoges Standardprodukt so ziemlich genau das Gegenteil davon.

Da helfen auch oft geäußerte Hoffnungen und teure Werbekampagnen nichts, die versuchen, neue Medien als tendenziell gefährlich und oberflächlich oder verdummend darzustellen, und dagegen die etablierten Formate und Produkte als überlegen und per se qualitativ hochwertiger anzupreisen. Diese Ängste hat es ebenfalls bei jeder Medienrevolution gegeben – wobei die befürchteten „Katastrophen" dann niemals eintraten. Neue Medien wurden stets beschuldigt, süchtig und nervös zu machen. „Eine lange Tradition hat auch die Angst, Menschen könnten die Grenzen zwischen Realität und medialer Welt nicht mehr erkennen. Ebenso charakteristisch war die Furcht vor den negativen Folgen für die Gedächtnisleistung und Aufmerksamkeit" (Bösch 2011, S. 232). Gründe der angeblichen Bedrohung in und durch neue Medienformen waren stets und sind auch heute, die Beschleunigung der Kommunikation und das Aufbrechen und Zerstören von gewohnten Erzähl- und Konsumformen. Genau diese Gegensätzlichkeiten werden auch heute zwischen der Tageszeitung und „dem Internet" bemüht. Die Zeitung stehe im Gegensatz zur flüchtigen und oberflächlichen Onlinewelt für „Entschleunigung", sie sei intellektuell wertvoller und leiste einen Beitrag zur sozialen Integration der (lokalen) Gesellschaft. Beispiele hierfür sind die Kampagnen der vergangenen Jahre wie „Wer liest versteht", „Meine Zeitung. Jedes Wort wert.", „Die Zeitungen. Der Hintergrund macht die Nachricht.", „Ich lese wieder Zeitung" oder „#Meisterstück" für Zeitungen oder „Editorial Media" für Magazine und Zeitschriften.

2 Entwicklung der Mediennutzung

In dieser Argumentation steckt fraglos historische Wahrheit. Sie verführt aber auch dazu, Zusammenhänge zu verklären und Erfolgskriterien der Vergangenheit auf die Gegenwart und Zukunft übertragen oder festschreiben zu wollen, die wegen einer Änderung in den Nutzungsgewohnheiten und den Wertvorstellungen der Kunden nicht mehr zum Tragen kommen (können). Diese Änderungen haben schon heute den Effekt, dass Menschen es zunehmend „verlernen", eine Zeitung zu lesen. Regelmäßige Zeitungsleser und Abonnenten gehen systematischer an die Zeitungslektüre heran und lassen sich stärker von dem leiten, was die Redaktion als relevant eingestuft und deshalb prominent auf den Seiten platziert hat. Sie lesen also gewissermaßen aus Pflichtbewusstsein auch Artikel, die sie persönlich nicht unbedingt interessieren. Menschen, die selten oder fast gar nicht Zeitungen lesen, erscheinen in Untersuchungen dagegen selbstbestimmter und beschäftigen sich ungeachtet der grafischen Gestaltung des Blattes und der damit vorgegebenen Wichtigkeit und Prominenz von Inhalten eher mit den unterhaltenden und klatschorientierten Geschichten in der Zeitung (vgl. hierzu u. a. Feuß 2013). Hier werden Muster auf das (bei diesen Menschen sehr selten oder nie ausgeübte) Zeitungslesen übertragen, die typisch für den Inhaltekonsum beim Fernsehen und verschiedenen Onlineformaten sind. Das zeigt, dass Medienkonsum unwillkürlich über Rituale und feste Abläufe und Muster eingeübt, verfestigt und beibehalten wird. Bestimmt durch das vorherrschend konsumierte Medienprodukt während der „Prägungszeit", aber eben auch mit einer extrem starken Persistenz. Menschen wählen also und bleiben zum überwiegenden Teil bei der Art von Medienkonsum und Medienformaten, die am besten zu ihren Gewohnheiten passen. Das hat die Gattung Tageszeitung über Generationen groß und erfolgreich gemacht. Doch wenn sich die Gewohnheiten ändern und das angebotene Produkt bleibt im Grunde unverändert, dann bedeutet das unwillkürlich den Niedergang des veralteten Formats.

Die Tageszeitung, das war über Generationen, wie zuvor beschrieben, eine reine Notwendigkeit, wenn man am gesellschaftlichen Leben teilnehmen und teilhaben wollte. Zudem gab es auch, zumindest in den meisten Regionen und Orten, so etwas wie eine homogene Gesellschaft oder zumindest klare Milieus. Diese gibt es heute, zumal in Städten und Metropolregionen, immer weniger. Eine Herausforderung, mit der nicht nur Medienmacher und -vermarkter klarzukommen haben, sondern beispielsweise auch politische Parteien (vgl. u. a. Walter 2009). Insofern ist es praktisch unmöglich, mit einem einmal täglich erscheinenden Printprodukt, die verschiedenen Interessengruppen, Fraktionen und Lebenswelten in einer Region abzubilden und anzusprechen und das auch noch so, dass Menschen nach ihren individuellen Nutzenkriterien dafür bereit wären, kontinuierlich

Geld auszugeben. Seit dem Jahr 2013 gibt es in Deutschland mehr Haushalte ohne ein Tageszeitungsabonnement als mit einem solchen Abo (GfK 2015; Statista 2014b). Seitdem sinkt die Anzahl der Abohaushalte rasant weiter, allein zwischen 2013 und 2015 um knapp drei Millionen Haushalte. Das heißt andersherum ausgedrückt: Pro Jahr entscheiden sich zwischen drei und fünf Millionen Menschen dafür, nicht mehr für ein Tageszeitungsabo bezahlen zu wollen. Der Informationshunger, auch im lokalen Bereich, wird bereits heute viel besser durch digitale Angebote und Formate bedient. Geolokalisierte Services und personalisierbare Aggregatoren sind hierfür nur zwei Beispiele. Ein weiterer Beleg ist die Tatsache, dass schon jeder dritte Onlinenutzer lokale Blogs und sublokale Blogs regelmäßig liest (Bitkom 2016; Bitkom research). Selbst bei den über 50-Jährigen sind es 26 %.

Insgesamt geben 53 % der deutschen Bevölkerung an, dass das Fernsehen die Hauptnachrichtenquelle für sie ist (Reuters Institute for the Study of Journalism 2015). Rund ein Viertel der Deutschen informiert sich in erster Linie über Onlinequellen inklusive Social-Media-Plattformen über das aktuelle Geschehen in der Welt und der eigenen Umgebung. Printzeitungen sind dagegen nur für sieben Prozent der Menschen in Deutschland die klar wichtigste und erste Nachrichtenquelle. Auch bei der Nutzungshäufigkeit hat die Zeitung ihren Spitzenplatz verloren. 60 % der Menschen geben an, täglich oder mehrmals wöchentlich die gedruckte Zeitung zu nutzen. Dagegen liegt der Wert zur täglichen oder mehrmals wöchentlichen Nutzung bei Online- und Mobile-Angeboten mit 63 % seit 2016 höher (Bayerischer Rundfunk 2016). Schaut man auf die Altersgruppe zwischen zwölf und 18 Jahren, so ist auch hier das Fernsehen klar die wichtigste Informationsquelle mit 81 %. Sofort dahinter folgen bereits soziale Netzwerke und Messenger-Dienste mit 63 % vor Radio (60 %) und Zeitungen (57 %) (Bayerischer Rundfunk 2016).

Zeitungen haben ganz offensichtlich ihre Stellung als gesellschaftlich obligatorisches Informationsmedium verloren. Und dazu ist auch die Stellung als Statussymbol verloren gegangen. War die Zeitung über Generationen ein Zeichen für Bildung, gesellschaftlich-politisches Interesse und bürgerliche Teilhabe und Modernität, ist das heute nicht mehr der Fall. Zumindest gesellschaftlich-politisches Interesse und Modernität werden heute über die Nutzung von Onlinediensten, Plattformen, mobilen Geräten und dem Engagement in sozialen Netzwerken dokumentiert. Bildung wird immer noch mit einem Printprodukt verbunden, hier jedoch in allererster Linie mit Wochentiteln und Magazinen. Die Tageszeitung gilt vielen höher gebildeten Menschen eher als ein Zeichen von Provinzialität und (verpönter) Kleinbürgerlichkeit, da man im lokalen Blatt doch nur so etwas wie

2 Entwicklung der Mediennutzung

Fußballberichte aus der Kreisliga, Geschichten zu Querelen im Kommunalparlament oder Geschichten über angeblich wieder mal herausragende Jahresberichte des Kaninchenzüchtervereins lesen könne. (Unabhängig von der Richtigkeit dieser Einschätzung sind große Teile der Inhalte in gedruckten Tageszeitungen objektiv betrachtet auch tatsächlich zum großen Teil diesen genannten und ähnlichen Themenfeldern zugehörig. Das gilt sowohl für Zeitungen mit eher ländlichen Verbreitungsgebieten, wie auch für [Groß-]Stadtzeitungen.) Hier sinkt dann auch logischerweise die Zahlungsbereitschaft für dieses Produkt. Gleichzeitig sind die Preise für Tageszeitungen in den vergangenen Jahren aber massiv gestiegen. Eine Entwicklung, die für die Anbieter, also die Verleger, schlicht und einfach nicht zu einem guten Ende kommen kann (vgl. hierzu Kap. 3.).

Allerdings sind Menschen durchaus bereit, für Produkte hohe und höchste Preise zu akzeptieren und auch zu bezahlen. Starke Marken oder besser ein starkes und eingehaltenes Markenversprechen können Kunden an ein Produkt binden und die Zahlungsbereitschaft erhöhen. Allerdings scheint das Bewusstsein für den „Markenwert" einer Zeitung nicht besonders ausgeprägt zu sein. Regelmäßig heben in Befragungen nur extrem wenige Verlagsmanager und Verleger hervor, wie wichtig der Markenwert für ihre Geschäftsfelder sei, weil er bei der Marktdurchdringung helfe und Glaubwürdigkeit transportiere (Ollrogg 2014; Winter und Buschow 2013). Interessant ist in diesem Zusammenhang: Forscher diagnostizieren seit Jahren einen fortschreitenden Glaubwürdigkeitsverfall von Zeitungs- und Medienmarken, der bereits bis in die 70er Jahre zurückreicht.

Zwischenfazit an dieser Stelle
Das Interesse an Nachrichten aus verlässlichen Quellen in der digitalen Welt ist keineswegs geringer geworden (vgl. u. a. Thomä 2014; IfD 2015; Statista 2015d). Lediglich die Leseinteressen haben sich verschoben und die Gewohnheiten der Menschen haben sich geändert, wie zuvor bereits beschrieben.

Fernsehen und Radio sind die mit Abstand am meisten genutzten Medien. Direkt danach folgen verschiedene Onlinequellen und -dienste. Printprodukte, und hier sind Zeitungen wie Zeitschriften zusammengefasst, bringen es mittlerweile nur noch auf halb so viel Nutzungsdauer und Nutzungsintensität wie Onlinealternativen (SevenOne Media 2015, S. 12; Statista 2015a).

Rund zwei Drittel der Menschen in Deutschland nutzen ihr Smartphone oder Tabletgerät als wichtigstes Gerät, um sich zu informieren und zu unterhalten (SevenOne Media 2015, S. 8). In der Altersgruppe unter 20 Jahren nutzen praktisch alle das Smartphone und verschiedene Onlinedienste als tägliche und wichtigste Nachrichten- und Informationsquelle. Die Tageszeitung bringt es hier nur auf 25 % (JIM-STUDIE 2015, S. 11), wobei hier zu bemerken ist, dass dies daran liegt, dass im Haushalt dieser jungen Menschen (noch) eine Zeitung gelesen wird, die Kinder und Jugendlichen also die Zeitung nutzen, weil sie schlicht und einfach „herumliegt" und nicht, weil sie bewusst und vorsätzlich von diesen Menschen gekauft und konsumiert würde.

Die Nutzung von Onlinediensten beträgt einschließlich der Altersgruppe bis 59 Jahren zwischen 90 und 100 %. Auch bei der Altersgruppe ab 60 Jahren liegt diese Nutzungsquote bei mehr als 80 % (Initiative D21 2015, S. 55; Statista 2015e; ARD/ZDF 2015). Auch also in den Altersgruppen, die als typische Zeitungsleser aus Tradition und medialer Sozialisierung in der zweiten Hälfte des 20. Jahrhunderts gelten, ist die Zeitung schon längst nicht mehr die unangefochtene Nummer eins, wenn es um Informationsbeschaffung und Kommunikation im öffentlichen und privaten Umfeld geht.

Bemerkenswert ist in dem Zusammenhang die Tatsache, dass die Hauptmediengeräte Smartphone, Tablet und PC eine ausgesprochen hohe Parallelnutzungsquote aufweisen, vor allem parallel zum Fernsehen und Radio (ForwardAdGroup 2016, S. 24; SevenOne Media 2015, S. 23). Auch sonst werden diese Geräte, oder vielmehr bestimmte Dienste auf diesen Geräten, parallel zu anderen Tätigkeiten genutzt (zum Beispiel in der Bahn, im Auto, in Wartezeiten etc., wie zuvor beschrieben).

Das bedeutet: Die Gewohnheiten und die Situationen, wann, wo und wie Informationen und Nachrichten konsumiert werden, sind enorm unterschiedlich oder auch grundsätzlich anders, als der typische „Use Case" einer guten alten Tageszeitung aus Papier. Entsprechend haben sich auch die Erwartungen von Konsumenten an Nachrichten- und Unterhaltungsangebote grundlegend geändert und verändern sich weiter (vgl. hierzu Schwarzer und Spitzer 2013). Diese veränderte Anspruchs- und Erwartungshaltung wird in ihren Auswirkungen genauer im Kap. 4 im Zusammenhang mit (disruptiven) Innovationen in diesem Buch beschrieben.

Soziale Netzwerke als personalisierte Newsquelle
Die Information zu Themen von Relevanz und in der eigenen lokalen Umgebung beziehen Menschen, wie zuvor bereits stichpunktartig beschrieben, zunehmend oder je nach Altersgruppe fast ausschließlich aus sozialen Netzwerken und über Messenger-Dienste im Austausch mit dem eigenen Freundes- und Bekanntenkreis. Auch die Kommunikation über als wichtig wahrgenommene Themen findet immer weniger über die Printplattform Tageszeitung statt, sondern über digitale soziale Netzwerke, die ja auch genau für diesen Grund erfunden und etabliert

worden sind. Im Durchschnitt sind rund 80 % aller sogenannten „Onliner" in Deutschland in sozialen Netzwerken aktiv. Bei den Jüngeren liegen hier die Nutzungszahlen bei bis zu 95 %, doch selbst die bis zu 50-Jährigen sind mit rund 80 % vertreten und in den Altersgruppen darüber beträgt die Nutzungsquote zwischen 62 und 69 % (Faktenkontor 2016; Statista 2014b, c 2015f, g; ARD/ZDF).

An erster Stelle der Nutzungsgründe stehen der Austausch privater Neuigkeiten und Informationen und die direkte Kommunikation mit den eigenen Freunden und Bekannten. An zweiter Stelle folgt die Inspiration: Über soziale Netzwerke wollen Menschen mitbekommen, was in ihrer Nähe los ist, welche Veranstaltungen oder Orte angesagt sind, wo es interessante Dinge zu sehen gibt, ebenso wie Tipps und Ankündigungen zu Angeboten, Produkten oder Aktionen. An dritter Stelle stehen Informationen über aktuelle Nachrichten und politische oder gesellschaftlich wichtige Themen oder auch einfach über Klatsch und Tratsch zu bekannten Personen auf globaler, nationaler wie auch lokaler Ebene.

Je nach Plattform liegen mal die einen, mal die anderen Aspekte vorn. Eher bildlastige Dienste wie Instagram oder auch Snapchat eignen sich besser für Inspiration und „Promi-News", Dienste wie Twitter oder auch WhatsApp beweisen ihre Stärken bei aktuellen Nachrichten und schneller, kurzer Kommunikation. Interessant ist, dass abgesehen von der ersten Nutzungskategorie, die zweite und dritte typische Argumente für (Tages-)Zeitungen gewesen sind. Inspiration und Tipps zu verschiedenen Bereichen, von Mode über Rezepte und Veranstaltungen, Restaurants und Reisen sind Kernkompetenzen und Nutzungsargumente für Zeitungen. Das gilt ganz besonders, wenn es um lokale und regionale Belange und Zusammenhänge geht, die für die entsprechenden Menschen vor Ort auch realistisch erreichbar und relevant sind. Auch die Information über aktuelle Nachrichten und Geschehnisse und politische und gesellschaftliche Themen sind gleichsam der perfekte „Use Case" für Tageszeitungen. Beides wird von sozialen Netzwerken und Messenger-Diensten übernommen. Das ist nicht nur bei Unterhaltungs- und Nachrichteninhalten der Fall, sondern ebenso, wenn es um aktuelle Angebote und Tipps geht, also klassische lokale und regionale Werbeformate.

Trends der digitalen Entwicklung von Kommunikation und Information verstärken diesen zunehmenden Wechsel von Tageszeitungen hin zu sozialen Netzwerken und Messenger-Diensten noch. Die in diesem Zusammenhang wichtigen Trends sind: Verschmelzung von Digital und Real, Informationsauswahl durch soziale Netze, Customized Information, Geolokalisierung und Location based Services sowie Reichweitenbildung über Marken. Zu den genannten Trends in der weiteren Entwicklung von Social Media gehören weiter noch Crowdsourcing, soziale Netzwerke als Märkte und Social ROI, die sich allerdings mehr auf Unternehmen in sozialen Netzwerken auswirken und weniger die Nutzung durch Konsumenten bestimmen. Diese genannten Trends sind in den Studien des Verfassers zu Social Media und Medien ausführlicher beschrieben; s. hierzu Moring 2014, 2015. Die zunehmende Konvergenz und Verschmelzung von analogen und physischen Anwendungen und Services mit digitalen Diensten kann natürlich von Social-Media-Plattformen, Messenger-Diensten wie auch Aggregatoren besser vollzogen, mitgestaltet und genutzt werden, als von einer auf Papier gedruckten Zeitung. Die Informationsauswahl durch soziale Netze ist eine mehr oder weniger natürliche Selektion von Themen durch den Freundes- und Bekanntenkreis in sozialen Netzwerken wie auch Messenger-Diensten. Was für den einzelnen Nutzer relevant ist, wird diesen auch über Social-Media-Anwendungen erreichen, da es von den eigenen Kontakten geteilt, geliked oder empfohlen wird, die ähnlichen Interessen, Neigungen und eine ähnliche Lebenswelt haben. Die Auswahl durch eine redaktionelle Instanz wird hier entbehrlich, ja vielleicht sogar unerwünscht. Kunden sind es aus der digitalen Welt gewohnt, persönliche Empfehlungen und Tipps von ihnen auch persönlich bekannten Menschen zu bekommen. Ein analoges Standardprodukt aus einer Redaktion, die man nicht persönlich kennt, ist da keine besonders verlockende Alternative mehr. Zumindest wenn es um schnelle, tägliche Nachrichten und Informationen geht, sind digitale Dienste und Plattformen näher an den Bedürfnissen und der Gefühls- und Gewohnheitswelt der meisten Menschen. Anders sieht es jedoch aus, wenn es sich um Informationen außerhalb des aktuellen Informations- und Newsrhythmus handelt. Hier legen Menschen wiederum Wert auf Analyse, Einordnung und Expertenmeinung einer Instanz wie einer (renommierten) Redaktion (auf diesen Aspekt wird später in dieser Untersuchung noch eingegangen, wenn es um die wirtschaftlichen Perspektiven von täglichen Nachrichtenangeboten in papiergebundener Form geht.) Das Gleiche gilt prinzipiell auch für den naheliegenden Trend zur sogenannten Customized Information. In sozialen Netzwerken und über Messenger-Dienste werden Medienprodukte wie beispielsweise Zeitungen entbündelt. Kunden können einzelne Bestandteile konsumieren, ohne das Paketprodukt in seiner analogen Form dafür kaufen zu müssen. Über Aggregatoren wird dieses Prinzip noch weiter verfeinert. Kunden können eigene Kriterien für die Informationsausspielung definieren und sich anbieterübergreifend mit ihrer personalisierten Nachrichtenlage beliefern lassen. In fortgeschrittener Form müssen solche Selektions- und Informationskriterien gar nicht mehr aktiv vorgegeben werden, sondern werden anhand verschiedener Verhaltens- und Nutzungsdimensionen des Individuums automatisch aufgenommen, gespeichert, analysiert und für ein individuelles Angebot konfiguriert und das als laufender,

2 Entwicklung der Mediennutzung

immer genauer werdender Prozess. Auch über sogenannte „Bots" wird das Prinzip der „Customized Information" weiter verfeinert und vorangetrieben, indem Programme eigenständig in einen Dialog mit den (potenziellen) Kunden treten, um deren Wünsche und Bedürfnisse zu erfahren und daraufhin selbstständig individuelle Informationsangebote und zugehörige Services zu erstellen.

Selektiver Medienkonsum und auch selektives Zeitungslesen ist dabei nichts Neues. Schon immer haben Kunden nur Teile des Angebots beispielsweise einer Zeitung genutzt, teilweise sogar ganze Bereiche des Produkts von vornherein aussortiert. Auch hier kann die digitale Alternative über Social Media, Messenger und Aggregatoren ein vorhandenes Nutzerbedürfnis besser, schneller, bequemer und passgenauer befriedigen. Gleichzeitig gilt aber auch hier die Unterscheidung wie zuvor: Bei nicht tagesaktuellen Informationen ist die Personalisierung und Filterung nicht so entscheidend, dafür gewinnen Einordnung durch Experten und Inspiration durch neue und andere Blickwinkel eine größere Rolle für ein positives Nutzenempfinden.

Geolokalisierung und Location based Services machen nur mit und auf mobilen Geräten Sinn. Die hat mittlerweile so gut wie jeder. Auch hier ist klar, dass eine analoge Papierzeitung nicht die Dienste und Bequemlichkeiten zu bieten in der Lage ist, wie dies verschiedene Features und Anwendungen auf Social-Media-Plattformen und in Messenger-Diensten auf Smartphones können.

Die Tatsache, dass Marken im Social-Media-Universum Reichweite schaffen und nicht mehr die Medien alternativlos ihre Reichweite an Unternehmen für Werbung, Information und Kommunikation verkaufen können, ist nicht in erster Linie technisch im Unterschied zwischen digital und analog begründet. Vielmehr in dem menschlichen Bedürfnis nach direkten Kontakten zu großen Namen, ob real oder auch nur eingebildet, und in dem Bedürfnis, zu einer bestimmten Gruppe zu gehören, die sich über oder durch eine bestimmte Marke definiert. Diesen direkten Kontakt können Social-Media-Plattformen und Messenger-Diensten anbieten. Selbst wenn natürlich in den meisten Fällen Agenturen oder Kommunikationsabteilungen diese Aufgabe übernehmen und die Verbindung Individuum – Marke nicht direkt und persönlich ist, wird sie doch so wahrgenommen oder eben auch nur eingebildet. Eine Zeitung gerät auch hier im Vergleich ins Hintertreffen, da sie in ihrer physischen Eigenschaft als Medium sofort erkannt und wahrgenommen wird und eben nicht die Illusion einer direkten Verbindung vermitteln kann.

Stärken und Kompetenzen identifizieren und daran neu orientieren
Eine Zusammenfassung der genannten Entwicklungen und Veränderungen muss schon zwangsläufig zu folgendem Schluss kommen: Der gedruckten Tageszeitung gehen die Jobs aus. Jobs sind Aufgaben oder Dienstleistungen, die für einen Kunden erledigt werden müssen. Das haben Tageszeitungen über Generationen für ihre Leser und Kunden getan. Wie beschrieben sind nun aber andere, bessere und schnellere Dienstleister für verschiedene tägliche Jobs auf dem Markt angetreten und haben sich gegen die Tageszeitung in weiten Bereichen schon etabliert. Die technologischen Entwicklungen tragen dazu einen großen Teil bei. Viele tägliche kleine Jobs werden über Onlinedienste und Apps schneller, bequemer und genauer erfüllt. Insofern müssen sich Redakteure, Vermarkter und Verleger die Frage stellen, welche Jobs ihre Organisation und ihr Produkt wirklich besser leisten können als digitale Alternativen. Das beginnt mit der Analyse der eigenen Ressourcen und Kompetenzen. Gemeinhin werden erfolgreichen Zeitungsverlagen drei Kernkompetenzen zugeschrieben: Produktion und Zusammenstellung redaktioneller und werblicher Informationen, effiziente Segmentierung und Bedürfniskenntnis der Leser, gleichbleibende Markierung, also Markenbildung und Markenauftritt. Aus diesen Kompetenzen speist sich der Erfolg im eigenen Markt. Während die erste Kompetenz, Produktion und Zusammenstellung redaktioneller und werblicher Informationen, als klassisches Handwerk unterstellt werden kann, sieht es bei den anderen erfolgskritischen Kompetenzen nicht so selbstverständlich positiv aus. Eine effiziente Segmentierung und Bedürfniskenntnis der Leser ist für das Printprodukt nur schwer dauerhaft und flexibel zu realisieren und deswegen auch nur selten in Verlagen und Redaktionen in verlässlicher Qualität und Quantität anzutreffen. Nicht umsonst schwirrt das Wort vom „Leser, dem unbekannten Wesen" seit Generationen durch die Redaktionen von Tageszeitungen. Bei digitalen Produkten und Dienstleistungen ist es dagegen um ein Vielfaches einfacher, klare und belastbare Daten über die eigenen Nutzer und Kunden zu gewinnen. Big Data, Targeting, Tracking und entsprechende Auswertungen liefern klare Erkenntnisse zu den Eigenarten, Interessen und Bedürfnissen von Kunden und potenziellen Kunden, in Echtzeit und über Predictive Analytics sogar schon für die Zukunft. Unter diesen Wettbewerbsbedingungen wird es für die tägliche Tageszeitung als Printprodukt mittelfristig unmöglich mitzuhalten. Dass die kritische Bedeutung von Markenbildung und Markenauftritt nur von den wenigsten Verantwortlichen im Zeitungsgeschäft erkannt und auch praktisch priorisiert wird, wurde bereits hier an früherer Stelle aufgezeigt. Auch in dieser Kategorie fallen Tageszeitungen gegenüber etablierten und neuen Wettbewerbern immer weiter zurück.

Im Verständnis der eigenen Kompetenzen und einzigartigen Fähigkeiten liegt jedoch der Schlüssel zum nachhaltigen Erfolg. An dieser Erkenntnis müssen die Prozesse der Organisation ausgerichtet und Kernleistungen für den Kunden, die täglichen Jobs, definiert und priorisiert werden (Christensen und Skok 2012; Benton 2012). Diese Kompetenzen, Prozesse und Leistungen können mit der bestehenden Organisation und notwendigen Anpassungen erbracht werden oder über die Aus- oder Neugründung von Einheiten für bestimmte Leistungen und Jobs. Oder durch eine radikale Änderung des Arbeits- und Geschäftsmodells. Für die Tageszeitung liegt die Zukunft zum einen in der Nutzung der eigenen Kernkompetenz und Zusammenstellung von redaktionellen und werblichen Inhalten. Dazu muss die Qualität der redaktionellen Inhalte, der Zusammenstellung und der Präsentation der werblichen Inhalte höher sein, als bei analogen und digitalen Alternativen. Zum Zweiten liegt die Zukunft in der Nutzung der Kompetenz zur Markenbildung, Markenführung und Markenauftritt, vor allem wenn es darum geht, Kunden langfristig zu binden. Beides ist jedoch mit den bestehenden Organisations-, Produktions- und Vertriebsformen nicht zu leisten. Die Zahlen sprechen da eine klare Sprache.

Literatur

ARD/ZDF: ARD/ZDF-Onlinestudien der vergangenen Jahre. http://www.ard-zdf-onlinestudie.de/index.php?id=541. Zugegriffen: 20. Aug. 2016
ARD/ZDF (2015) ARD/ZDF-Onlinestudie.de vom November 2015. http://www.ard-zdf-onlinestudie.de/index.php?id=535. Zugegriffen: 20. Aug. 2016
Bayerischer Rundfunk (2016). TNS Emnid 11.03.2016–02.04.2016
BDZV Bund Deutscher Zeitungsverleger (2014/2015) Wirtschaftliche Lage: „Zeitungen in Zahlen und Daten". http://www.bdzv.de/maerkte-und-daten/wirtschaftliche-lage/zeitungen-in-zahlen-und-daten/. Zugegriffen: 18. Aug. 2016
Benton J (2012) Clay Christensen on the news industry: "We didn't quite understand…how quickly things fall off the cliff". niemanlab. http://www.niemanlab.org/2012/10/clay-christensen-on-the-news-industry-we-didnt-quite-understand-how-quickly-things-fall-off-the-cliff. Zugegriffen: 22. Aug. 2016
Best S, Engel B (2011) Alter und Generation als Einflussfaktoren der Mediennutzung. Mediaperspektiven 11(2011):525–542
Bitkom research Marktforschung für die Digitalwirtschaft. http://www.bitkom-research.de
Bitkom (2016) Ein Drittel der Internetnutzer liest lokale Blogs. https://www.bitkom.org/Presse/Presseinformation/Ein-Drittel-der-Internetnutzer-liest-lokale-Blogs.html. Zugegriffen: 20. Aug. 2016
Bösch F (2011) Mediengeschichte. Campus, Frankfurt a. M.

Christensen C, Skok D (2012) Be the disruptor, Harvard 2012. http://nieman.harvard.edu/wp-content/uploads/pod-assets/ebook/niemanreports/fall2012/NiemanReports-Fall-2012CoverStory.pdf. Zugegriffen: 27. Aug. 2016

Faktenkontor (2016) Social Media Atlas 2015/16. Faktenkontor, Hamburg

Feuß S (2013) Auf den ersten Blick. Wie Medieninhalte wahrgenommen und rezipiert werden. Springer, Wiesbaden

ForwardAdGroup (2016) Mobile Effects 2016. ForwardAdGroup, München, S. 24

GfK Communication Research VuMA (2015)

IfD Institut für Demoskopie Allensbach (2015) ACTA: Allensbacher Computer- und Technikanalyse, http://www.ifd-allensbach.de/acta/startseite-acta.html. Zugegriffen: 22. Aug. 2016

Initiative D21 (2015) D21-Digital-Index 2015

Medienpädagogischer Forschungsverbund Südwest (2015) JIM-STUDIE 2015 – Jugend, Information, (Multi-) Media. Medienpädagogischer Forschungsverbund Südwest, Stuttgart, S. 11

Media Perspektiven, versch. Jahrgänge, ARD-Werbung SALES & SERVICES GmbH (Hrsg) http://www.ard-werbung.de/media-perspektiven/publikationen/fachzeitschrift/. Zugegriffen: 27. Aug. 2016

Meedia (2014) IVW-Analyse: Deutschlands erfolgreichste Heimatzeitungen. http://meedia.de/2014/08/11/ivw-analyse-deutschlands-erfolgreichste-heimatzeitungen/. Zugegriffen: 22. Aug. 2016

Mögerle U (2009) Substitution oder Komplementarität? Die Nutzung von Online- und Printzeitungen im Wandel. UVK, Konstanz

Moring A (2014) Social Media für Verlage und Zeitungen. Diplomatica, Hamburg

Moring A (2015) State of Social Media Address: Wie nutzen Medien soziale Medien. Diplomatica, Hamburg

Ollrogg MC (2014) Regionalzeitungen 2015, Geschäftsmodelle für die Medienkonvergenz. Nomos, Baden-Baden

Pasquay A (2014) BDZV Bund Deutsche Zeitungsverleger: Die deutschen Zeitungen in Zahlen und Daten. http://www.bdzv.de/maerkte-und-daten/wirtschaftliche-lage/artikel/detail/gedruckt_oder_auf_dem_display_deutschland_liest_zeitung/. Zugegriffen: 22. Aug. 2016

Reuters Institute for the Study of Journalism (2015) Digital News Report 2015. http://www.digitalnewsreport.org/survey/2015/executive-summary-and-key-findings-2015/. Zugegriffen: 5. Sep. 2016

Schwarzer B, Spitzer S (Hrsg) (2013) Zeitungsverlage im digitalen Wandel. Aktuelle Entwicklungen auf dem deutschen Zeitungsmarkt. Nomos, Baden-Baden

Seufert W, Wilhelm C (2014) Mediennutzung als Zeitallokation. Der Einfluss der verfügbaren Zeit auf die Mediennutzung. Nomos, Baden-Baden

SevenOne Media (Hrsg) (2015) Media Activity Guide 2015. https://www.sevenonemedia.de/mag. Zugegriffen: 5. Sep. 2016

Statista (2014a) Relevanteste Medien als Informationsquelle für das Tagesgeschehen 2014. http://de.statista.com/statistik/daten/studie/305648/umfrage/relevanteste-medien-als-informationsquelle-fuer-das-tagesgeschehen. Zugegriffen: 20. Aug. 2016

Statista (2014b) Nutzung von Social Media durch Kinder und Jugendliche in Europa nach Ländern 2014. http://de.statista.com/statistik/daten/studie/417014/umfrage/nutzung-von-social-media-durch-kinder-in-europa-nach-laendern/. Zugegriffen:20. Aug. 2016

Literatur

Statista (2014c) Nutzung von Social Media durch Kinder und Jugendliche nach Geschlecht in Europa 2014. http://de.statista.com/statistik/daten/studie/417024/umfrage/nutzung-von-social-media-durch-kinder-in-europa-nach-geschlecht/. Zugegriffen: 20. Aug. 2016

Statista (2014d) Umfrage zur Nutzung von Social Media-Angeboten in Deutschland 2014 (nach Segmenten). http://de.statista.com/statistik/daten/studie/459312/umfrage/nutzung-von-social-media-nach-segmenten-in-deutschland/. Zugegriffen: 18. Aug. 2016

Statista (2015a) Tägliche Nutzungsdauer ausgewählter Medien in Deutschland 2015. http://de.statista.com/statistik/daten/studie/165834/umfrage/taegliche-nutzungsdauer-von-medien-in-deutschland/. Zugegriffen: 18. Aug. 2016

Statista (2015b) Häufigkeit der Nutzung von Social Media in Deutschland 2015. http://de.statista.com/statistik/daten/studie/168920/umfrage/haeufigkeit-der-nutzung-von-community-plattformen/. Zugegriffen: 18. Aug. 2016

Statista (2015c) Nutzungszwecke von Social Media in Unternehmen in Deutschland 2015. http://de.statista.com/statistik/daten/studie/497357/umfrage/nutzungszwecke-von-social-media-in-unternehmen-in-deutschland/. Zugegriffen: 18. Aug. 2016

Statista (2015d) Umfrage in Deutschland zum Interesse am aktuellen Tagesgeschehen bis 2015. http://de.statista.com/statistik/daten/studie/168685/umfrage/interesse—aktuelles-tagesgeschehen-nachrichten. Zugegriffen: 20. Aug. 2016

Statista (2015e) Anteil der Internetnutzer in Deutschland bis 2015. http://de.statista.com/statistik/daten/studie/13070/umfrage/entwicklung-der-internetnutzung-in-deutschland-seit-2001. Zugegriffen: 20. Aug. 2016

Statista (2015f) Hauptgründe von Männern für die Nutzung von Social Media Angeboten 2015. http://de.statista.com/statistik/daten/studie/4328/umfrage/hauptgruende-fuer-die-mitgliedschaft-in-social-networks. Zugegriffen: 20. Aug. 2016

Statista (2015g) Hauptgründe von Frauen für die Nutzung von Social Media Angeboten 2015. http://de.statista.com/statistik/daten/studie/29022/umfrage/motive-fuer-die-registrierung-auf-social-media-plattformen/

Statista (2016a) Tägliche Radiohördauer in Deutschland bis 2016. http://de.statista.com/statistik/daten/studie/4554/umfrage/radiohoeren-taegliche-dauer-seit-1995/. Zugegriffen: 18. Aug. 2016

Statista (2016b) Umfrage zur Nutzung von Social Media über das Smartphone in Deutschland 2016. http://de.statista.com/statistik/daten/studie/518697/umfrage/nutzung-von-social-media-ueber-das-smartphone-in-deutschland/. Zugegriffen: 18. Aug. 2016

Statista (2016c) Fernsehkonsum: Entwicklung der Sehdauer in Deutschland bis 2015. http://de.statista.com/statistik/daten/studie/118/umfrage/fernsehkonsum-entwicklung-der-sehdauer-seit-1997/. Zugegriffen: 18. Aug. 2016

Thomä M (2014) Der Zerfall des Publikums: Nachrichtennutzung zwischen Zeitung und Internet. Springer VS, Heidelberg

Walter F (2009) Im Herbst der Volksparteien. Transcript, Bielefeld

Winter C, Buschow C (2013) Medienmanagerinnen und Medienmanager in Deutschland. Institut für Journalistik und Kommunikationsforschung (IJK) Hochschule für Musik, Theater und Medien, Hannover

Erlös- und Kostenentwicklung bei Tageszeitungen

3

Auch wenn noch nie so viele Zeitungsinhalte Menschen erreichten wie heute, ist die wirtschaftliche Entwicklung seit Jahrzehnten durch Minuszeichen geprägt. Im reinen Printgeschäft gehen die Umsätze von Tageszeitungen zurück. In den vergangenen zehn bis 15 Jahren hat sich zudem ein gewichtiger Wandel bei den Erlösquellen vollzogen. Heute kommen rund zwei Drittel aller Einnahmen aus dem Vertrieb, also dem direkten Verkauf des Printproduktes an Privatkunden. Ein Drittel der Erlöse stammt aus dem Werbegeschäft. Vor eineinhalb Jahrzehnten war dieses Verhältnis noch genau umgekehrt. Rund drei Milliarden Euro werden im Werbegeschäft von Tageszeitungen umgesetzt, der Vertrieb macht einen Umsatz von rund 4,5 Mrd. EUR aus (BDZV 2016). Der jährliche Rückgang im Werbegeschäft bei regionalen Tageszeitungen liegt zwischen neun und 19 % (BDZV 2015). Während die Auflagen jährlich zwischen zwei und zehn Prozent sinken, ist der Verfall der Werbeerlöse im gleichen Zeitraum also gut doppelt so hoch. Dabei wächst der Werbemarkt insgesamt um rund zwei bis drei Prozent pro Jahr. Doch schon heute liegen die Werbespendings für Onlinemedien mit mehr als fünf Milliarden Euro deutlich vor den Ausgaben für Werbung in Zeitungen (Meedia 2015; Paperlein 2015). Weltweit betrachtet hat Onlinewerbung neben den Zeitungen auch die bisher unangefochtene Nummer Eins, das Fernsehen, überholt, und steht als größter Markt an der Spitze (Saal 2015).

Bei fallenden Erlösen müssen zwangsläufig die Kosten angepasst werden. Gut ein Viertel der Kosten in Zeitungsverlagen entfallen auf die eigene Redaktion (25,3 %). Ein weiteres Viertel muss für die Produktion aufgewendet werden (24,9 %). Der Vertrieb schlägt ebenfalls mit etwas mehr als einem Viertel auf der Kostenseite zu Buche (26,3 %). Der Kostenaufwand für Anzeigen liegt bei 14,7 % und die allgemeine Verwaltung macht 8,9 % der Kosten aus (BDZV 2015). Die Hauptkostenträger sind also eng verknüpft mit der physischen

Herstellung und dem physischen Vertrieb des Produktes. In den vergangenen Jahren haben Verlage in Deutschland und weltweit ihre Kosten drastisch gesenkt. Vor allem in der Herstellung wurde die Effizienz erhöht und in den Redaktionen ebenfalls die Kostenschraube massiv angezogen. Die Folgen waren und sind Entlassungen und Personalabbau über Fluktuation in den Redaktionen. Vor dem Hintergrund des fortschreitenden Verfalls von Auflagen und Vertriebs- wie Werbeerlösen handelt es sich hier aber immer nur um eine zwangsläufige Anpassung an äußere Zwänge, nicht um eine Neuausrichtung und Neudefinition des eigenen Geschäfts.

Die Reaktionen auf diese Umstände von Verlagen lassen sich in zwei grundsätzliche Kategorien einteilen: 1) Zukauf von Masse, um Skalen- und Verbundvorteile in Produktion und Vertrieb zu realisieren; 2) weniger Produkt zu einem höheren Preis.

Vor allem im regionalen Zeitungsmarkt in Deutschland sind die Manifestationen der beiden genannten Entwicklungen deutlich zu beobachten. Die sogenannte Pressekonzentration ist über die vergangenen Jahre auf ihre historisch höchsten Stände geklettert. Die zehn größten Verlage in Deutschland kontrollieren rund 60 % der veröffentlichten Tageszeitungen (vgl. hierzu ARD Werbung 2014, 2015, 2016). Diese zehn größten Teilnehmer im Markt sind Axel Springer, die Funke Mediengruppe, Verlagsgruppe Stuttgarter Zeitung/Rheinpfalz/Südwestpresse, Verlagsgruppe Madsack, Verlagsgruppe DuMont, Verlagsgruppe Ippen, Verlagsgruppe Augsburger Allgemeine, Rheinisch Bergische Verlagsgesellschaft, ddvg, Verlagsgruppe Frankfurter Allgemeine Zeitung. Bei den klassischen Abozeitungen gehören die Verlagsgruppe Stuttgarter Zeitung, Funke Medien, Madsack, Ippen und DuMont zu den größten Unternehmen im Markt.

Alle genannten Verlage verfolgen in erster Linie das Ziel, über Masse das eigene Geschäft zu sichern. Im Grunde wird Auflage, die generisch über die vergangenen Jahre verloren gegangen ist, zurückgekauft. Hintergrund ist die klassische Industrielogik. Mit hohen Stückzahlen lassen sich die Kosten in der Produktion des physischen Gutes drücken. Die Fixkostendegression sorgt dafür, dass die einzelne Zeitung umso billiger wird, je mehr Stück auf einer Produktionsbasis erstellt werden. Verbundeffekte sorgen zusätzlich für Kostenvorteile, wenn über eine Infrastruktur unterschiedliche Produkte hergestellt werden können. Die „Zeitungsgruppen" in Deutschland setzen genau darauf. Unterschiedliche Zeitungsausgaben beziehungsweise Zeitungsmarken werden über eine gemeinsame Produktionsstruktur abgewickelt und das senkt die Kosten. Das beginnt bei Redaktionsgemeinschaften und Zentralredaktionen bei der zentralen Erstellung von Inhalten und setzt sich über die gesamte Produktionskette bis hin zum Druck von verschiedenen Zeitungen und Ausgaben an einem oder wenigen zentralen Standorten fort. Die Verlagsgruppe Madsack ist hierfür mit ihrer Redaktionsgemeinschaft Deutschland ein Beispiel wie auch die Funke Mediengruppe mit einer Zentral- und Mantelredaktion in Berlin. Inhalte werden zentral erstellt, dann aber in unterschiedlichen Formen mehrfach für verschiedene Zeitungsmarken der Gruppe verwertet. So kann einer der großen Kostenblöcke, die Redaktion, relativ zur Auflagengröße der Zeitung ordentlich gestutzt werden und die Zeitung ist trotzdem mit (eigenen) Inhalten gefüllt. Auch beim anderen großen Kostenblock, der Produktion, gilt dasselbe Prinzip. Der Druck von Ausgaben wird nach Möglichkeit an einem Ort zusammengefasst. Die andere Option zur Kostenminderung besteht im weitgehenden Ausgliedern der Herstellung, so will beispielsweise die Verlagsgruppe Madsack den eigenen Druckstandort am Stammsitz Hannover schließen und ab 2017 von einem externen Anbieter die Herstellung übernehmen lassen. Gleichzeitig werden neue gedruckte Zusatzprodukte auf den Markt gebracht oder als Beilage für den Leser kostenlos gleich mit der Zeitung geliefert. Überregionale Zeitungen wie die FAZ oder Die Welt, ebenso wie regionale Anbieter wie die Titel der Funke Gruppe, DuMont oder der Madsack Gruppe, haben den Markt von Wochenendausgaben oder ganzen Wochenendjournalen entdeckt. Auch hier gilt wieder das Print-Erfolgsrezept, ein zentral erstelltes Produkt möglichst allen eigenen Titeln beizulegen und so auf hohe Stückzahlen beziehungsweise Auflagen zu kommen. Das senkt die Kosten und gleichzeitig lässt sich die Werbeleistung gut vermarkten.

Das gilt auch für die täglichen Zeitungsausgaben, die zumindest gegenüber nationalen Kunden zentral vermarktet werden, um trotz Rückgang bei den Auflagen der Einzeltitel in Summe immer noch eine hohe Gesamtauflage bieten und hohe Werbepreise durchsetzen zu können.

Der Zeitungsmarkt konsolidiert sich
Die Konsolidierung des deutschen Zeitungsmarktes ist in vollem Gange. Die genannten großen Verlagsgruppen werden bei dieser eingeschlagenen Strategie auch weiterhin gezwungen sein, über Akquisitionen anderer Verlagshäuser und Zeitungstitel einerseits eine kritische Auflagenmasse zu erhalten und gleichzeitig die entsprechenden beschriebenen Mengen- und Kosteneffekte in Redaktion, Herstellung und Vermarktung zu realisieren. Auch mittelgroße Verlage sind bereits gezwungen in diesen Wettbewerb der Mergers & Acquisitions einzusteigen. So hat beispielsweise die Neue Osnabrücker Zeitung den Schleswig-Holsteinischen Zeitungsverlag übernommen. Es ist also sicher anzunehmen, dass sich diese Entwicklung in den kommenden Jahren beschleunigen und verschärfen wird. Diese Entwicklung ist typisch für sogenannte „Merger Endgames", die immer dann auftreten, wenn Wirtschaftszweige oder Branchen am Ende ihres Wachstums- und

Lebenszyklus angekommen sind und sich in diesen insgesamt schrumpfenden Märkten die Konzentration auf wenige große Anbieter immer weiter zu einem Oligopol beschränkt. Allerdings ist ebenso sicher, dass es für die gerade beschriebene Übernahme- und Konzentrationsdynamik Grenzen gibt. Zum einen setzt das Wettbewerbs- und Kartellrecht enge Grenzen, wenn es um Übernahmen und Konzentration im Medienbereich geht und zumindest bei den fünf großen Regionalverlagen dürfte die Grenze des Zulässigen schon bald erreicht sein. Zum anderen kann der Wettlauf Auflagenverfall gegen Auflagenzukauf mittel- und langfristig nicht von der Zukaufseite gewonnen werden. Die Akquisition von neuen Titeln erhöht zwar die Gesamtauflage zunächst sprunghaft und deutlich. Bei einem durchschnittlichen Rückgang ebenfalls der Gesamtauflagen von fünf bis zehn Prozent pro Jahr, ist der anfänglich eingefahrene „Gewinn" nach absehbarer Zeit schon wieder aufgebraucht. Im Grunde wird also nicht nur Auflage zugekauft, sondern Zeit. Zeit, in der es keinen allzu schmerzhaft gefühlten Zwang gibt, das bestehende Geschäftsmodell infrage zu stellen und nach neuen Alternativen zu suchen. Hierin liegt auch ein wesentlicher Grund für die objektiv mangelhafte Innovationsfähigkeit und Innovationstätigkeit von regionalen Zeitungsverlagen im Vergleich zu Verlagen mit nationaler oder internationaler Ausrichtung oder auch im Vergleich zu Unternehmen im Radio- und TV-Markt.

Auch in anderer Richtung ist ein mittelfristiges Ende der Entwicklungsmöglichkeiten abzusehen. Die „Strategie" weniger Produkt für mehr Geld ist nicht endlos weiter zu führen. In den vergangenen Jahren sind die Umfänge deutscher (regionaler) Tageszeitungen deutlich zurückgegangen, bei einigen Blättern moderat zwischen zehn und 20 %, bei anderen Titeln dagegen um ein Drittel oder mehr. Gleichzeitig sind die Preise für Zeitungen im Abo und im direkten Verkauf im Schnitt um fünf Prozent pro Jahr gestiegen. Das Produkt wird teurer, obwohl es schon rein quantitativ weniger zu bieten imstande ist. Jeder vierte Mensch in Deutschland ist auch der Meinung, Zeitungen seien zu teuer (Statista 2014a). Menschen geben im Schnitt drei bis fünf Prozent ihres frei verfügbaren Einkommens für Medienkonsum aus. Auf Printabos entfallen dabei ebenfalls im gesamten Durchschnitt nur 5,24 EUR (SevenOne Media 2015). Interessanterweise geben Konsumenten unter 14 Jahren sogar mit 9,63 EUR pro Monat mehr Geld für Printabos aus; Grund dürfte hier jedoch die Reglementierung der Onlinenutzung durch die Eltern sein, als auch die praktische Unmöglichkeit, online Geschäfte zu tätigen beziehungsweise Abos abzuschließen (Statista 2014b) Die üblichen Abopreise für deutsche Tageszeitungen liegen zwischen 30 und 40 EUR im Monat.

3 Erlös- und Kostenentwicklung bei Tageszeitungen

Zudem konkurrieren relativ viele unterschiedliche Angebote um dieses knappe Budget. Wird nun ein Produkt teurer, das gleichzeitig an Umfang abnimmt, so ist es nur rational und natürlich, dass Konsumenten eher bereit sein werden, auf dieses Produkt zu verzichten.

Hinzu kommt die adverse Auslese. Im Zweifel greifen Konsumenten zu den günstigeren Medienangeboten. Grund: Der Nutzen des Mediengutes kann erst nach dem Kauf wirklich bewertet werden. Mit jedem Kauf ist also ein relativ hohes Risiko einer Produkt- oder Nutzenenttäuschung verbunden. Besonders bei einem analogen standardisierten Massenprodukt mit Allgemeinheitsanspruch wie der Tageszeitung kann das Risiko als sehr hoch kategorisiert werden. Die Wahrscheinlichkeit, dass viele Inhalte der Zeitung für den einzelnen Konsumenten unpassend, nicht relevant oder vielleicht schon längst bekannt sind, ist sehr hoch. Insofern ist der beschriebene Effekt der adversen Auslese hier besonders deutlich. Eine kontinuierliche Preissteigerung bei Tageszeitungen in den letzten Jahren befördert dieses Verhalten und entsprechend negative Kaufentscheidungen sogar noch. Besonders wenn es darum geht, eine dauerhafte Kundenbindung zu erzeugen, sprechen die genannten Gründe und Überlegungen dagegen. Hierin ist ein wichtiger Grund zu sehen, warum immer weniger Menschen bereit sind, ein klassisches Zeitungsabonnement einzugehen. Des Weiteren verstärkt wird der Effekt durch das extrem umfangreiche Angebot an kostenlosen Nachrichten und Geschichten in Fernsehen und Radio, auf unzähligen Webseiten, über Applikationen und in sozialen Netzwerken oder Messenger-Diensten. Ist die Zahlungsbereitschaft für Nachrichten schon allein auf dem analogen Markt wegen des begrenzten Budgets und der adversen Auslese gering, so sinkt sie in Bezug auf digitale oder crossmediale Märkte und Angebote noch weiter. Zwei Drittel der Konsumenten würden im digitalen Bereich nicht mal einen Euro pro Monat für journalistische Inhalte ihrer Zeitung ausgeben. Ein weiteres Viertel wäre bereit, höchstens fünf Euro im Monat zu investieren (Grieß 2014). Im Schnitt liegt die Zahlungsbereitschaft in Deutschland für Apps bei etwas mehr als einem Euro, für Onlineabos dagegen nur bei 56 Cent – also gut zehnmal niedriger als im analogen Markt (SevenOne Media; Forsa; Statista 2014b). Diese Zahlungsbereitschaft würde also nicht einmal für eine einzige gedruckte Tageszeitung ausreichen, normale Abopreise von um die 30 bis 40 EUR im Monat für Tageszeitungen vorausgezahlt für ein oder zwei Jahre wirken vor diesem Hintergrund demnach extrem teuer. Allein die Tatsache, dass es sich bei der gedruckten Zeitung um ein haptisches Produkt und Erlebnis handelt, kann diesen eklatanten Unterschied zwischen Preisforderungen und Zahlungsbereitschaften nicht rechtfertigen. Wollen Verlage ihre gewohnten Preisstrukturen auch weiterhin zumindest annähernd durchsetzen, so müssen hier gewichtige, für den Kunden überzeugende Eigenschaften des Produktangebots zum Tragen kommen. Und auch hier konzentriert sich die Analyse wieder in den bereits angesprochenen Punkten Anspruch und Qualität des Inhalts und der Zusammenstellung als auch Markenbildung und Markenauftritt. An beiden Punkten sind jedoch klare Defizite auszumachen. Auf den ersten Blick vielleicht überraschend, bei näherer Betrachtung jedoch nachvollziehbar. Es hat etwas zu tun mit dem Dilemma etablierter Unternehmen in Konfrontation mit Innovationen und dem Unterschied in Wertschöpfung und Vertrieb zwischen der analogen Medienwelt der Printzeitungen und den digitalen und multimedialen Medienmärkten von heute.

Literatur

ARD Werbung: Media Perspektiven 2014, 2015, 2016. http://www.ard-werbung.de/mediaperspektiven/publikationen/fachzeitschrift/. Zugegriffen: 20. Aug. 2016

BDZV (2015) Zur wirtschaftlichen Lage der Zeitungen 2015

BDZV (2016) Die deutschen Zeitungen in Zahlen und Daten 2016. Berlin

Grieß A (2014) So viel würden die Deutschen für Online-Journalismus zahlen, Statista 2014. https://de.statista.com/infografik/2834/so-viel-wuerden-die-deutschen-fuer-online-journalismus-zahlen/. Zugegriffen: 20. Aug. 2016

Meedia (2015) Online überholt Zeitungswerbung: „Zeitungsland Deutschland muss umdenken". http://meedia.de/2015/06/22/online-ueberholt-zeitungswerbung-zeitungsland-deutschland-muss-umdenken/. Zugegriffen: 20. Aug. 2016

Paperlein J (2015) Online überrundet Print, Horizont 17.12.2015. http://www.horizont.net/medien/nachrichten/Schickler-Prognose-zu-Netto-Werbeerloesen-Online-ueberrundet-Print-137973. Zugegriffen: 20. Aug. 2016

Saal M (2015) Internet überholt in Deutschland erstmals Zeitungen – und weltweit bald auch TV, Horizont 07.12.2015. http://www.horizont.net/marketing/nachrichten/Werbespendings-Internet-ueberholt-in-Deutschland-erstmals-Zeitungen—und-weltweit-bald-auch-TV-137799. Zugegriffen: 20. Aug. 2016

SevenOne Media (Hrsg) (2015) Media Activity Guide 2015. https://www.sevenonemedia.de/mag. Zugegriffen: 5. Sep. 2016

Statista (2014a) Umfrage in Deutschland zu Produktgruppen, die als hochpreisig empfunden werden 2014. http://de.statista.com/statistik/daten/studie/350640/umfrage/umfrage-in-deutschland-zu-produktgruppen-die-als-hochpreisig-empfunden-werden/. Zugegriffen: 20. Aug. 2016

Statista (2014b) Monatliche Aufwendungen für die Mediennutzung in Deutschland 2014. http://de.statista.com/statistik/daten/studie/321202/umfrage/monatliche-aufwendungen-fuer-die-mediennutzung-in-deutschland. Zugegriffen: 20. Aug. 2016 # Alles richtig gemacht – und trotzdem falsch positioniert 4

Die bisherigen Ausführungen haben gezeigt, dass es einen klaren Unterschied gibt zwischen den Ansprüchen, Charakteristika und Logiken des Produkts Tageszeitung auf der einen und den Entwicklungen in Gesellschaft, Medienkonsumverhalten, Zahlungsbereitschaften und Technologien auf der anderen Seite. In den vergangenen Jahrzehnten hat es hier teils grundsätzliche Änderungen gegeben. Hinzu kommen Innovationen in Technik, Produkten und Geschäftsmodellen. Diese sind teils disruptiv, teils evolutionär (die Ausführungen zu disruptiven und evolutionären Innovationen beruhen hauptsächlich, aber nicht ausschließlich, auf: Christensen 2015; Christensen und Raynor 2013; Moore 2014; Thiel 2014; Grant und Grant 2012; Meyer 2016; Dru 2015; Noé 2013; Lambert 2014; Christensen et al. 2015).

Disruptive Innovationen finden sich anfangs am unteren Ende des Marktes, weisen eine geringere Leistungsfähigkeit als etablierte Produkte auf, sprechen einen bisher unbekannten Kundennutzen und kleine, neue Kundengruppen an und sind billiger, einfacher und bequemer in der Nutzung. Evolutionäre Innovationen bedienen einen vorhandenen (Massen-)Markt, steigern die Leistung bereits vorhandener Produkte durch Optimierungen, orientieren sich an bekannten Anforderungen bestehender Kundengruppen und weisen eine steigende Komplexität und Bedienungsanforderungen für den Konsumenten auf. Zur ersten Kategorie zählen so gut wie alle digitalen Produkte und Formate im Medienbereich, angefangen von der Hardware wie beispielsweise das Smartphone bis hin zu Plattformen wie Streamingdienste oder Social Networks. In die zweite Kategorie lassen sich die Tageszeitung selbst und auch so gut wie alle neuen und weiterentwickelten Produkte aus etablierten Medienunternehmen einordnen. Das bedeutet: Die Tageszeitung in ihrer heutigen Form ist „überoptimiert", sie ist zu komplex und überfordert die meisten Menschen in ihren Informationsbedürfnissen und

Gewohnheiten. Dieser Zustand wird als „Overengineering" bezeichnet und in der Konfrontation mit disruptiven Innovationen gilt: Overengineering kills.

Wenn sich Technologien oder Produktformate schneller entwickeln als die Marktnachfrage und dadurch ein Überangebot an Leistung entsteht, entwickelt sich ein Vakuum im Markt. Es entsteht Raum für disruptive Innovationen, die zunächst andere Marktsegmente bedienen und dann Schritt für Schritt in etablierte Märkte vordringen, um sich schließlich in die Premiumbereiche vorzuarbeiten. Diese Beobachtung deckt sich auch mit der medienhistorischen Analyse, dass neue Medien- und Kommunikationstechnologien von Nutzern okkupiert und in ihrer Nutzungsart deutlich bis radikal anders verwendet werden, als ursprünglich von den Entwicklern intendiert (Vgl. Kap. 2: Gesellschaftliche Bedürfnisse bestimmen die Mediennutzung).

Diese Entwicklung sehen wir auch und gerade im Medien- und Zeitungsbereich. Technologien wie beispielsweise Smartphones, Messenger oder soziale Netzwerke konnten in ihrer Entstehungs- und früheren Wachstumsphase die Leistungsanforderungen, wie sie etwa Zeitungen oder Fernsehen gegenüber ihren Kunden garantierten, nicht erfüllen. Zudem waren sie auch nicht dafür erfunden und entwickelt worden. In der weiteren Entwicklung sind diese Technologien aber in höhere Leistungsbereiche vorgedrungen und haben die etablierten Märkte erheblich unter Druck gesetzt oder sogar zu großen Teilen übernommen. Dabei beginnen diese Alternativen zunächst wegen ihres vergleichsweise niedrigen Technik- und Servicelevels zunächst nur weniger attraktive Kunden von den Marktführern abzuziehen, sodass diese Entwicklung für diese auch keine allzu ernst zu nehmende Gefahr darzustellen scheint. In der weiteren Folge beginnen aber auch die überzeugten Stammkunden die etablierten Produkte und Anbieter zugunsten der immer leistungsfähiger werdenden Alternativen zu verlassen und „plötzlich" stehen eben diese etablierten und Markt beherrschenden Anbieter vor enormen, sogar existenziellen Problemen. Eben das ist die im zweiten Kapitel dieses Buches beschriebene Veränderung im Mediennutzungsverhalten, weg von etablierten Angeboten und Formaten wie der gedruckten Tageszeitung, hin zu Informationsbeschaffung und Kommunikation über soziale Netzwerke, Messenger-Dienste oder auf bestimmte Services fokussierte Applikationen.

Für die Tageszeitung ist dabei noch ein weiterer Aspekt relevant. Sobald die Leistungsanforderungen der Kunden an eine Produkteigenschaft erfüllt sind, sind diese nicht mehr bereit, für eine zusätzliche Verbesserung einen Aufpreis zu zahlen. Folglich führt ein Leistungsüberangebot zu einer Verlagerung des Wettbewerbs auf andere Dimensionen. Die gedruckten Tageszeitungen sind in den vergangenen Jahren immer weiter optimiert worden. Im Layout, in der Leserorientierung, im Aufbau. Die Anzahl der Relaunches hat beständig zugenommen.

4 Alles richtig gemacht – und trotzdem falsch positioniert

Allerdings hat diese Verbesserung der klassischen Produkteigenschaften des gedruckten Produkts nicht zu einer höheren Zahlungsbereitschaft geführt, Auflagen, Direktverkauf und Abonnements gehen zurück. Ziel dieser (Optimierungs-) Maßnahmen war eine angestrebte Differenzierung von Alternativangeboten für Information und Unterhaltung. Differenzierung verliert aber ihre Bedeutung, sobald das Leistungsniveau der Produkteigenschaften über dem liegt, was der Markt fordert. Hinzu kommt die bereits zuvor dargelegte Tatsache, dass der Produktumfang von Tageszeitungen in den vergangenen Jahren abgenommen hat, während die Copypreise beständig angehoben worden sind. Kurz gesagt: Bei einer ohnehin schon zurückgehenden Zahlungsbereitschaft der Kunden, durch neue und billigere und bequemere (digitale) Alternativen, wurden die bereits überoptimierten Produkteigenschaften der gedruckten Tageszeitung noch weiter optimiert, was zu einer immer größeren Kluft zwischen Kundenanforderungen und Produktangebot führte und gleichzeitig wurde das Produkt dünner und teurer gemacht. Der Wettbewerb wird aber nicht über die klassischen Produkteigenschaften und Vorteile einer gedruckten Tageszeitung ausgetragen. Die Kaufkriterien des Kunden verschieben sich hin zu jenen Produkteigenschaften, deren Leistungsniveau noch nicht die Anforderungen des Marktes erfüllen. Insofern konkurriert die Tageszeitung mit Produkt- und Leistungsmerkmalen vor allem digitaler und elektronischer Alternativen, bei denen sie diesen Alternativen in ihrer traditionellen und heutigen Form in fast allen Punkten unterlegen ist.

Die zahlreichen Konkurrenten der Tageszeitung im täglichen Medienangebot machen die geforderten Leistungen und kleinen Jobs für den Nutzer besser, schneller, bequemer und günstiger, zum großen Teil sogar ohne Zahlungsverpflichtungen („bezahlt" wird mit Daten und Aufmerksamkeit für die Werbevermarktung). Beschleunigt wird der Konkurrenzkampf noch durch die Tatsache, dass es sich zunehmend um Plattform getriebene disruptive Entwicklungen handelt. Die digitalen Alternativen zur gedruckten Tageszeitungen sind eben solche Plattformen beziehungsweise einzelne Services, die auf diesen Plattformen abgewickelt und vermarktet werden. Produktbasierte disruptive Innovationen haben zumeist einen starken Effekt innerhalb der eigenen Branche und brauchen enorme Anstrengungen und eine sehr stark ausgeprägte Überlegenheit, um die Marktführer zu bedrohen oder zu ersetzen (Sampere 2016). Plattformbasierte Innovationen haben nicht nur Auswirkungen in der eigenen Branche und Industrie, sondern über die Branchengrenzen hinaus. Dadurch ergeben sich auch völlig unerwartete und ungewohnte Wettbewerbssituationen und Konkurrenzkämpfe in unterschiedlichen Branchen beziehungsweise über diese hinweg. Hier besteht die Chance und die Wahrscheinlichkeit schon durch relativ einfache plattformbasierte Innovationen, die etablierten Anbieter und ihre Produkte und Dienste ernsthaft zu bedrohen und sogar aus dem Markt zu drängen (Sampere 2016). Handelsplattformen wie Amazon sind hierfür Beispiele, ebenso Serviceplattformen wie Airbnb oder Uber oder Plattformen für Rubrikenanzeigen oder Social-Media-Plattformen und Messenger Services als relevante Belege für den Medienbereich.

Disruptive Innovationen gefährden etablierte Unternehmen
Reaktionen auf innovative und disruptive Produkte sind für die etablierten Marktführer eine große Herausforderung, bei plattformbasierten Innovationen sind die Schwierigkeiten praktisch nicht zu meistern. Meist behelfen sich etablierte Unternehmen mit dem Versuch, über gesetzliche Regulierung, die neuen Konkurrenten und deren Ökosysteme auszuschalten, wie zum Beispiel die Klagen der Taxiunternehmen und Verbände gegen Uber, das sogenannte „Leistungsschutzrecht" in Deutschland oder Gesetzesänderungen zur Regulierung von Airbnb. Meist gelingt das nicht. Und selbst wenn, wie im Falle von Napster, ein neuer Konkurrent und seine Angebote verboten werden, ist die Idee in der Welt und taucht in anderer Form wieder auf, beispielsweise als legaler Streamingdienst unter dem Namen Spotify (Sampere 2016). Während disruptive Produktinnovationen verändern, was Menschen konsumieren und kaufen, verändern plattformbasierte Innovationen die Art und Weise, wie Menschen konsumieren und kaufen und verändern dadurch auch die gesellschaftlichen Umstände und Standards in hoher Dynamik und Geschwindigkeit. Während das erste Jahrzehnt der 2000er Jahre durch disruptive Produktinnovationen geprägt war, sind die kommenden Jahre von plattformbasierten Innovationen geprägt. Das kann dazu führen, dass sogar rund die Hälfte der heutigen sogenannten Blue Chips, also die größten börsennotierten Unternehmen, in den kommenden ein bis zwei Jahrzehnten vom Markt verschwinden werden (Anthony et al. 2016). Wie bereits im Kap. 3 erklärt, gehen Medienrevolutionen immer mit grundlegenden gesellschaftlichen Veränderungen einher. Plattformbasierte Innovationen können diese gesellschaftlichen Umwälzungen zwar nicht allein auslösen, aber sie dafür beschleunigen und vorantreiben, wenn sie in ihrer grundsätzlichen Ausrichtung und Funktionalität zu den sich herausbildenden Gewohnheiten und Nachfragen passen. Genau das ist heute der Fall.

Vor diesem Hintergrund ist festzustellen, dass die absolute Mehrzahl der etablierten Verlage und insbesondere Zeitungsverlage bei der Aneignung neuer Formate und Technologien extrem langsam reagiert, wenig innovationsfreudig ist, die bestehenden Produkte (über)optimiert anstatt neue zu realisieren oder das eigene grundsätzlich zu überdenken und den neuen Konkurrenten keine eigenen funktionierenden (digitalen) Wertschöpfungsketten und Geschäftsmodelle entgegenzustellen in der Lage ist. Ist das überraschend? Ja und Nein.

4 Alles richtig gemacht – und trotzdem falsch positioniert

Es ist typisch, dass disruptive Innovationen nicht in etablierten Unternehmen entstehen und auch nicht von etablierten und großen Unternehmen zur Marktreife entwickelt werden. Solche Innovationen werden von branchenfremden Start-ups und Neugründungen hervorgebracht oder von Spin-offs größerer Firmen, die in Nischenmärkten unterwegs sind. Nicht selten werden disruptive Innovationen durch unabhängige Forschungsprojekte realisiert, die sich dadurch auszeichnen, dass sie zunächst keinem definierten wirtschaftlichen Zweck dienen und nicht für einen bestimmten definierten Markt angelegt sind. In einigen Fällen können auch schlicht der Zufall und Workarounds die Quelle disruptiver Innovationen sein. Gemeinsam ist all den genannten Quellen, dass sie nicht der Logik des klassischen Innovationsmanagements folgen. Klassische Lehren des Innovationsmanagements sind bei disruptiven Innovationen belanglos. Denn klassisches Innovationsmanagement zielt darauf ab, auf die eigenen Kunden zu hören und sich an ihren Wünschen zu orientieren. Den bestehenden Kunden in einem margenstarken Massenmarkt soll die „nächste Generation" eines Produktes geliefert werden. Ein Produkt, das ähnlich dem bisherigen ist und den Gewohnheiten der Kunden entspricht, dabei aber leistungsfähiger, schneller und effektiver ist. In sich schnell wandelnden und von Disruption geprägten Märkten sind dagegen das Wissen und die praktische Erfahrung im Aufspüren von neuen, noch nicht existierenden Märkten, extrem wichtige Erfolgsfaktoren.

Diese Fähigkeit fehlt jedoch in den allermeisten Fällen etablierten und großen Unternehmen. Je länger die Stellung als Marktführer mit guten Erlösen und Gewinnen andauert, desto stärker ist dieser Mangel an Flexibilität und Innovationskraft ausgeprägt. Bei den deutschen Zeitungsverlagen wurde bereits im ersten Kapitel dieser Untersuchung gezeigt, dass der Markt weitgehend durch regionale Monopole und geringen Wettbewerb auf den klassischen Printmärkten geprägt ist. Zudem liegen die durchschnittlichen Margen der deutschen Zeitungsverlage, trotz Verfall bei den Auflagen und den Werbeumsätzen, im Durchschnitt immer noch bei acht bis zwölf Prozent Umsatzrendite (vgl. BDZV Jahrgänge bis 2016). Deswegen konzentriert sich die Aufmerksamkeit, wie bei allen anderen etablierten und den angestammten Markt bestimmenden Unternehmen, auch auf diese gewachsenen Kernbereiche des eigenen Geschäfts. Und hierin liegt der Grund für das weitgehende Versagen in innovativen, durch Digitalisierung geprägten Bereichen, aufgrund der typischen Managementfehler im Umgang mit grundlegenden Innovationen, die wiederum keine wirklichen „Fehler" aus der Sicht der Unternehmensführung sind.

Markttests von innovativen Produkten und Formaten, seien sie im eigenen Unternehmen entstanden oder von außen als neue mögliche Leistung im Portfolio herangetragen, werden von etablierten Unternehmen zuerst mit den bestehenden Kunden durchgeführt. Schließlich sind diese Kunden der Träger des laufenden Geschäfts. Diese Kunden möchte und sollte man nicht verlieren. Wenn ein Unternehmen neue Produkte und Formate an diese Bestandskunden verkaufen kann (Upselling), so ist das eine sehr sinnvolle und effiziente Erweiterung des Geschäftes. Zudem ist es weitaus günstiger, bestehende Kunden zu halten, als neue Kunden zu akquirieren. Die Fokussierung auf Bestandskunden ist also logisch, Markttests bei diesen Kunden aus dieser Warte heraus betrachtet zunächst auch.

Doch der Ausgang dieser Vorgehensweise ist recht offensichtlich. Bestandskunden haben nur wenig bis gar kein Interesse an grundlegenden oder disruptiven Innovationen. Das liegt daran, dass disruptive Innovationen wie beschrieben in ihrer Anfangsphase ein im Vergleich zu etablierten und gut entwickelten Produkten niedrigeres Leistungsniveau ausweisen. Warum sollte sich ein Kunde, der ein leistungsfähiges Angebot von einem Unternehmen bezieht, ohne Weiteres für ein neues und noch dazu weniger leistungsfähiges Produkt oder Format entscheiden? Des Weiteren sind Bestands- und Großkunden eines Unternehmens genau diese Art von Kunden, weil sie mit dem bestehenden Angebot (sehr) zufrieden sind. Das heißt, es besteht bei diesen Kunden auch prinzipiell kein Interesse an alternativen Angeboten, da sie mit den etablierten Angeboten „gut bedient" sind. Bestandskunden sind prinzipiell daran interessiert, das bekannte Angebot auf einem höheren Leistungsniveau zu einem günstigeren Preis-Leistungsverhältnis zu bekommen und nicht interessiert an grundlegend neuen Angeboten. Ein Markttest bei den bestehenden Großkunden wird also praktisch immer zuungunsten der disruptiven Innovation ausfallen.

Zudem gibt es natürlicherweise nur sehr wenige bis gar keine Informationen und Daten zu grundlegend neuen Produkten, Formaten oder gar Plattformen. Marktdaten und Erfahrungen fehlen logischerweise immer. Gerade in etablierten Unternehmen werden Entscheidungen aber vor allem aufgrund von Marktdaten und Marktforschung getroffen und aufgrund des persönlichen Erfahrungsschatzes der Entscheider als auch aufgrund des Unternehmenswissens aus vergangenen Entscheidungen und Strategien. Ziel ist es, das Risiko für das laufende Geschäft, wie für eventuelle neue Geschäfte, zu minimieren. Je besser die Datenlage und je höher die Erfahrung ist, desto besser lässt sich das Risiko beurteilen und desto eher werden Entscheidungen zugunsten derartig gut einschätzbarer Produkte und Formate getroffen, die aber sehr nahe an den bestehenden Angeboten und Produkten des Unternehmens und deswegen ihrem Wesen nach gerade wenig innovativ sind.

Das hängt damit zusammen, dass es in größeren Unternehmen mit einer nennenswerten Diversifizierung im Geschäftsportfolio immer auch quantitative

4 Alles richtig gemacht – und trotzdem falsch positioniert

Vorgaben und Anforderungen an einen Mindestbeitrag zum Gesamtgeschäft für neue Bereiche und Produkte gibt. Wenn Innovationen nicht in der Lage sind, in einem bestimmten Zeitraum einen definierten Anteil am Gesamtumsatz zu erreichen, werden sie aussortiert, da sie vor dem Hintergrund des laufenden Massengeschäftes nicht interessant genug sind. Hier stimmt aus der Sicht der Unternehmensführung eines etablierten Anbieters das Verhältnis von Investitionen und Risiko verglichen mit erwartetem Marktvolumen und Gewinnbeitrag nicht. Noch während der Entwicklungsphasen und Markteinführung von disruptiven Innovationen wissen weder Anbieter noch Kunden in der Regel, wie und warum das Produkt verwendet werden wird. Zu diesem Zeitpunkt kann man daher auch noch gar nicht wissen, welche besonderen Eigenschaften des Produktes schließlich zudem von Bedeutung sein werden. Damit kann auch nicht klar vorausgesagt werden, wie hoch das Marktvolumen sein wird.

Zudem sind disruptive Innovationen anfangs nur für Nischenmärkte interessant, die natürlicherweise klein und begrenzt sind und deswegen ebenfalls nicht als verlässlicher Indikator für eine später mögliche Resonanz im Markt dienen können. Meist sind die Kriterien, die disruptive Innovationen im etablierten Markt uninteressant machen, jene Kriterien, die ihren Mehrwert im neu entstehenden Markt bestimmen. Disruptive Innovationen sind deswegen im Grunde auch keine technologischen Herausforderungen („Es kommt darauf an, die Technik für den etablierten Markt zu optimieren!"), sie sind vielmehr klare Marketingherausforderungen („Es kommt darauf an, einen Markt zu finden, in dem Kunden die besonderen Produkteigenschaften schätzen!"). Diese Erkenntnis fehlt in den allermeisten Zeitungsverlagen. Viel Geld und Zeit wird in technologisch möglichst perfekte und inhaltlich, journalistisch aufwendige Angebote gesteckt, eine Vermarktungsstrategie für diese Märkte und Kundensegmente besteht nicht, weil man sich fälschlicherweise an klassischen Zeitungslesern orientiert und das teure neue Angebot verkauft sich nur schlecht – was dann zumeist als Argumentation herangezogen wird, in neuen Märkten könne man nur Geld verbrennen und solle daher lieber auf die Stärkung des bestehenden Kerngeschäftes setzen.

Dieses wenig erfolgreiche Agieren auf neuen Märkten liegt, wie bei anderen etablierten Unternehmen auch, an fehlendem Wissen und Know-how in Forschung und Entwicklung. Forschung und Entwicklung sind in etablierten Unternehmen in Massenmärkten darauf spezialisiert, die eigenen Produkte mit etablierten F+E-Methoden weiter zu entwickeln und zu verbessern. Das ist verständlich, denn in diesen Produkten und den Methoden zu ihrer Entwicklung liegt ja der Schlüssel zum bisherigen Erfolg. In Zeitungshäusern ist viel Wissen und Know-how vorhanden, wie man journalistisch eine gute gedruckte Tageszeitung macht und wie man diese gestalten sollte, ebenso wie Wissen darüber, wie und mit welchen Argumenten und Strategien man dieses Produkt als Werbeträger an welche Kundengruppen gut verkaufen kann. Auf anderen Märkten und für andere Formate und Umstände fehlt dieses Wissen. Das gilt für den inhaltlichen wie für den vermarkterischen Bereich. Hier werden die bekannten Methoden aus dem analogen Bereich versucht, auf die digitalen Märkte zu übertragen. Journalistisch folgen die allermeisten Angebote der etablierten 1.0-Logik analoger Medienmassenmärkte und auch in der Vermarktung wird nach den klassischen Methoden der analogen Massenmedien-Werbevermarktung verfahren.

Ein Grund dafür liegt in dem Beharrungsvermögen und der Notwendigkeit nach langfristiger Stabilität bei Strategien und gegebenen Kostenstrukturen von etablierten Unternehmen. Diese Strategien orientieren sich, wie beschrieben, stets an dem bestehenden Massen- oder Kerngeschäft des Unternehmens und an den als relativ sicher einschätzbaren künftigen Wachstumsfeldern. Bestes Beispiel hierfür ist die sogenannte BCG-Matrix mit Cash Cows, Stars, Question Marks und Poor Dogs. In unsichere Geschäftsfelder wird, wenn überhaupt, eher zurückhaltend investiert. Zudem muss das Geld für Investitionen da sein. In Zeitungsverlagen ist die finanzielle Situation aber von einem enormen Sparzwang dominiert, Mittel für risikoreiche Investments sind nicht vorhanden. Strategien richten sich an diesen Zwängen aus und müssen auch natürlicherweise über längere Zeiträume konsequent und konsistent beibehalten werden, um ihre Wirkung zu entfalten. Und die bestehenden Kostenstrukturen zwingen ebenfalls dazu. Die Kostenstrukturen sind durch das über Jahrzehnte und Generationen gewachsene Geschäft und die dazu gehörigen Produktions- und Vertriebsmethoden bestimmt. Erstes strategisches Ziel muss es also sein, diese Kosten zu decken – es sei denn, man ist bereit, Abläufe und Produktionsmethoden grundsätzlich infrage zu stellen. Bei den auch heute noch gegebenen guten Margen im klassischen Printgeschäft besteht aber zu eben dieser grundsätzlichen Infragestellung scheinbar kein Anlass. Neue Formate und Produkte auf neuen, digitalen Märkten sind aber aufgrund ihrer Art und Weise so gut wie nie in der Lage, die bestehenden Kostenstrukturen aus dem Industriezeitalter zu bedienen.

Alle genannten Gründe sprechen also dafür, aus der Sicht eines etablierten und den angestammten Markt bestimmenden Unternehmens, grundsätzliche oder disruptive Innovationen nicht zu realisieren. Diese Entscheidungen sind auch aus diesem Unternehmensblickwinkel die rationalen, belastbar begründeten und in dem Sinne „richtigen" Entscheidungen. Trotzdem führen diese richtigen Entscheidungen zu einer falschen Positionierung, wenn sich Konsumentenpräferenzen und Nutzungsverhalten im wirtschaftlichen und gesellschaftlichen Umfeld ändern, die in den klassischen Entscheidungs- und Innovationsmodellen grundsätzlich als weitgehend stabil unterstellt werden.

Abgesehen davon müssen Innovationen, ob grundsätzlich, disruptiv oder evolutionär, immer mit Widerständen in einer bestehenden Organisation rechnen. Diese Widerstände sind im Allgemeinen technologisch begründet („Die Innovation leistet nicht das, was sie behauptet"; „Die Innovation kommt zu früh"; „Das technische Umfeld ist noch nicht reif für die Innovation"), absatzwirtschaftlich begründet („Es gibt keine hinreichende Nachfrage für das neue Produkt"; „Die Innovation kannibalisiert unsere Cash Cows"; „Wir finden keine geeigneten Kooperationspartner"; „Wir geraten in eine unbeherrschbare Konkurrenzsituation") oder finanzwirtschaftlich begründet („Innovation bedeutet Zerstörung wertvoller Substanz"; „Innovationen sind zu riskante Innovationen"; „Die Innovation ist nicht finanzierbar"; „Der bestehende Zustand ist doch gar nicht so schlecht") (Hauschildt und Salomo 2011).

Herausforderung: Paradigmen hinterfragen und anpassen
Neben den beschriebenen Schwierigkeiten im Erkennen und Entwickeln von (disruptiven) Innovationen und dem Umgang mit den Entwicklungen, liegt eine weitere Herausforderung in der richtigen und sinnvollen Produktion und Vermarktung von Medienprodukten in zunehmend digital bestimmten Marktumgebungen, die von den meisten Redaktionen und Verlagen (aber auch von anderen Medienunternehmen) nicht richtig erkannt und deswegen auch meist nicht gemeistert wird. Auch hier liegt die Herausforderung darin, dass Erfolgsregeln aus analogen Medienmärkten in crossmedialen und digitalen Märkten nicht funktionieren und sich sogar ins Gegenteil verkehren. Hier muss es also zumeist darum gehen, genau das Gegenteil von dem zu tun, was Unternehmen aus analogen Märkten gewohnt sind und zudem Paradigmen zu hinterfragen und bewusst zu wechseln.

Betrachten wir relative Knappheiten und Grenzkosten in analogen Märkten, so ist klar zu konstatieren, dass Aufmerksamkeit als Ressource im Vergleich zu Produktionsressourcen relativ überflüssig vorhanden und im Vergleich zu den Grenzkosten der Produktion von Medien auch relativ günstig zu haben ist (vgl. hierzu u. a. Haque 2008, 2011; Beck 2013; Wirtz 2012; Gläser 2014; Picot und Freyberg 2010; Fuchs und Unger 2014). Die Wertschöpfungskette von klassischen Massenmedien beruht auf den Bestandteilen (Produktions-)Infrastruktur, Inhalte, Marketing, Auslieferung, Ort des Konsums (zum Beispiel Kinos, Konzerthallen, TV in privaten Wohnungen, etc.) und Aufmerksamkeit. Analoge Massenmedien wie lineares Fernsehen oder Zeitungen verkaufen als klassische Verbundprodukte Aufmerksamkeit über die Attraktivität ihrer Produkte an Werbekunden und erzielen dadurch Erlöse und lassen die Konsumenten (teilweise) auch direkt für den Konsum bezahlen (Kinotickets, Konzerttickets, Abonnements, Copypreise, etc.).

In klassischen analogen Massenmedien und deren Märkten sind die materiellen Produktions- und Distributionsfaktoren relativ knapp und teuer. Hierzu zählen Ressourcen in der Produktion (Infrastruktur, Personal), in der Distribution (Transport, Logistik, Fuhrparks, Kabelnetze, Satelliten) und im Trägermedium selbst (Zuschauerplätze, begrenzte Seitengrößen und Seitenzahlen, begrenzte Werbezeiten und Bildschirmgrößen). Im Vergleich zu diesen Knappheiten ist die Ressource Aufmerksamkeit relativ gesehen nicht knapp.

Kontrolle über und Zugang zu den knappen Ressourcen in einem Markt bedeutet auch die Bestimmung und Dominanz des jeweiligen Marktes. In analogen Medienmassenmärkten sind die entscheidenden Machtfaktoren die Kontrolle über die Medienproduktion und die Vermarktung der weitgehend standardisierten und individuell unveränderbaren Produkte. Dies ist auch unter Skaleneffekten und Verbundeffekten in Produktion und Vertrieb bekannt. Je standardisierter ein Produkt und je größer der Markt, desto stärker können diese Effekte realisiert und Wertschöpfung betrieben werden. Produktionskosten des Inhalts realisieren keine Skalen- und Verbundeffekte, sondern sind relativ teuer. Personal- und Produktionskosten machen beispielsweise bei Zeitungen im Schnitt mehr fast drei Viertel aller Kosten aus. Es macht also Sinn, ein Produkt in einem Produktionsvorgang einmal zu erzeugen und dann in möglichst großer Stückzahl zu verkaufen, an Konsumenten wie an Werbekunden. Erst hierdurch werden Skalen- und Verbundeffekte realisiert, in Marketing und Vertrieb. Eine aufwendige Produktion von Medienprodukten, die möglichst gut auf den Geschmack und die Interessen jedes einzelnen Konsumenten zugeschnitten sind, ist dagegen kaufmännisch sinnlos und bei den gegebenen Knappheiten in Produktion, Vertrieb und Vermarktung auch gar nicht möglich. Die sinnvolle und gewinnmaximierende Strategie lautet also: Investiere in die Aufmerksamkeit (Vermarktung), nicht in die Qualität der Produktion[1].

Die besten Belege hierfür sind Massenmedienprodukte der vergangenen (analogen) Jahrzehnte wie hochauflagige Zeitschriften und Zeitungen, ebenso wie

---

[1]Unter „Qualität" wird hier die möglichst hohe Passgenauigkeit von Produktangebot und Nachfrage des einzelnen Konsumenten verstanden. Das ist nicht das Gleiche, wie handwerklich journalistische Qualität („Qualitätsjournalismus"). Von Qualität wird gesprochen, wenn das Nutzenempfinden und die Befriedigung des Kunden möglichst genau und umfassend von einem Produktangebot getroffen werden. Deswegen kann Qualität letztlich nur vom Kunden definiert werden. Aus hoher Qualität in diesem Sinne entstehen auch eine hohe Zahlungsbereitschaft und eine hohe Kundentreue gegenüber einem Produkt oder einer Marke. Auf diesen Aspekt wird später im Verlauf des Buches noch eingegangen, wenn es bspw. beispielsweise um Abovermarktung geht.

sogenannte „Straßenfeger" im Fernsehen und „Blockbuster" im Filmbusiness und im Musikgeschäft. Die teure Produktion soll durch Erlösmaximierung überkompensiert werden, über Risikodiversifizierung in Form von Mehrfachverwertung von Inhalten, über Preisdiskriminierung in Form von exklusiver Auslieferung des Produkts an bestimmten Verkaufsstellen an bestimmte Kunden (CD-Läden, Kinos, Sendezeiten im TV, Zeitungszustellung an Abonnenten) und über die beschriebenen Skalen- und Verbundeffekte und Fixkostendegression durch Massenproduktion. Im Vergleich dazu ist der Kauf von Aufmerksamkeit über Marketing für das eigene Angebot günstiger und effizienter. Zumal, wenn in einer analogen Medienwelt das Alternativangebot aus besagten wirtschaftlichen und technologischen Gründen begrenzt ist. Die Folgen dieser Entwicklung sind ständig steigende Marketingkosten in der Vermarktung von Medienangeboten und ein erodierendes Niveau in der Qualität des Angebots, das sich immer mehr am durchschnittlichen Massengeschmack der Zielgruppe(n) orientieren muss. Das gilt vor allem für große Medienanbieter.

Investitionen in Qualität und Marketing skalieren unterschiedlich und deswegen ist es vor allem für kleinere Medienproduzenten und Anbieter sinnvoll, in Qualität und Nischenmärkte zu investieren. Sogenannte „Independents" im Film und Musikgeschäft, aber auch bei Verlagen sind der Beleg dafür. Generell sind jedoch Großanbieter in Produktion und Vermarktung aufgrund der beschriebenen Masseneffekte effizienter, warum diese Anbieter auch die entsprechenden Märkte klar dominieren und unter den gegebenen analogen Bedingungen keine Konkurrenz von kleinen und mittleren Marktteilnehmern zu fürchten haben. Das ist die (historische) Situation von Majorlabels im Musikbereich, von Majorstudios im Filmbereich, von großen Networks und Sendern im TV-Markt und auch von Zeitungsverlagen, zumeist Marktführer und Monopolisten in ihren angestammten Verbreitungsgebieten, im analogen Umfeld mit materiellen Produkten.

Unter digitalen Bedingungen und durch digitale Produktion werden Medienprodukte, und nicht nur diese, formbar und personalisierbar, zu einem „plastischen" Gut. Die Folge davon ist, dass sich Medienprodukte in ihre einzelnen Bestandteile auflösen lassen. Die einzelnen Lieder eines Albums oder auch die einzelnen Geschichten einer Zeitung oder eines Magazins sind solche Einzelteile. Diese Einzelteile lassen sich automatisiert und ohne zusätzliche Produktionskosten zu immer neuen möglichen Kombinationen an Angeboten zusammensetzen, wobei der originäre Inhalt genauso wie in der analogen Welt einmal produziert worden sein muss. Die Folge davon ist eine theoretisch unendliche Anzahl an Angeboten und Medienprodukten für den Markt und die Kunden. Gleichzeitig wird die Durchschnittsgröße oder der durchschnittliche Umfang der konsumierten Mediengüter sinken, der Markt und das Angebot ebenso wie die Nachfrageseite atomisiert. Dieser Effekt lässt sich unschwer seit mehreren Jahren in der Mediennutzung erkennen, wie sie bereits zuvor hier beschrieben worden ist: Kleinteiliger, öfter, schneller und mobil. Als Folge dieser Atomisierung fallen auch die Durchschnittspreise im Markt und die durchschnittlichen Umsätze. Dies lässt sich ebenfalls in der im Vergleich zu analogen Märkten und Produkten deutlich geringeren Zahlungsbereitschaft online für Medienangebote aller Art in der Realität beobachten, ebenso wie in den geradezu mickrigen Umsätzen mit „Paid Content" oder sogenannten „Paywalls" für klassische Zeitungsangebote und Nachrichteninhalte im Web (vgl. hierzu die Ausführungen zur Zahlungsbereitschaft bei gedruckten Tageszeitungen und bei Zeitungsangeboten im digitalen Bereich, die im digitalen Bereich nur ein Zehntel der Zahlungsbereitschaft im analogen Markt beträgt, im Kap. 3 in diesem Buch).

In digitalen Märkten lassen sich Skaleneffekte in der Vermarktung von Standardprodukten nicht mehr realisieren. Stattdessen ergeben sich Skalen- und Verbundeffekte in der Produktion von digitalen Medienangeboten. Aufmerksamkeit wird unter den beschriebenen Umständen knapper und teurer als die Produktion, denn Digitalisierung und Automatisierung lassen Produktionskosten (Vertrieb und Zurverfügungstellung) massiv sinken, während gleichzeitig das potenzielle Angebot rapide ansteigt, was eine ebenso massive Rivalität um Aufmerksamkeit hervorruft. Der Versuch, in dieser Situation über Marketing und Werbung die Aufmerksamkeit potenzieller Kunden auf ein bestimmtes und standardisiertes Produkt zu ziehen, wird also so extrem teuer, dass dies keinen wirtschaftlichen Sinn mehr ergeben kann.

Die klassischen Erfolgsregeln des analogen (Massen-)Medienmarktes, die dort ja durchaus sehr erfolgreich waren und sind, machen hier keinen Sinn mehr. Vielmehr noch: Sie verkehren sich in ihr Gegenteil. Während der Wettbewerb um Aufmerksamkeit rasant zunimmt, wird genau diese Aufmerksamkeit zur knappen Ressource und die Grenzkosten der Vermarktung sinken nicht, sondern steigen vielmehr überproportional an. Skalen- und Verbundeffekte ergeben sich unter diesen Bedingungen über Produktion, Distribution und Suche beziehungsweise Durchsuchbarkeit und Erkennbarkeit der medialen Produktbestandteile und ihrer Inhalte. Wenn die effiziente Allokation von knapper Aufmerksamkeit gelingt, ergeben sich aufgrund der günstigen und relativ ausreichend vorhandenen Produktionsressourcen sogar höhere Umsatzvolumina und Gewinnmargen.

Intelligente Aggregatoren und datengetriebene Technologien zielführend nutzen
Eine solche effiziente Allokation kann über „intelligente Aggregatoren", Filtermechanismen und Algorithmen geleistet werden. Und diese intelligente Aggregation oder individuelle Neuzusammenstellung von Angebotspaketen erfordert

möglichst umfassende Informationen über den jeweiligen Inhalt und seine Nutzung, um den potenziellen Nutzen für den einzelnen Konsumenten voraussagen zu können. Intelligente Aggregatoren stellen also nicht einfach nur Inhalte von verschiedenen Quellen und Plattformen zusammen, sondern verbinden Informationen über den Inhalt mit Informationen darüber, wie der Inhalt von Menschen genutzt wird, wie er sich auf welchen Netzwerken und Plattformen verhält, über welche Anwendungen und Geräte der Inhalt genutzt und benutzt wird. Unter den Bedingungen von plastischen Medienprodukten können so also personalisierte Medienangebote erstellt werden, die nicht nur so heißen, sondern ihrem Namen und Anspruch auch gerecht werden. Dienste, die diesen intelligenten Aggregatoren momentan am nächsten kommen, sind beispielsweise Spotify, Upday, YouTube, BR24, 12-App.

In einer perfekten Welt, die nur in der Theorie und in Modellen existiert, würde dies bedeuten, dass Menschen mithilfe solcher Technologien am Ende einfach die Inhalte und Angebote konsumieren würden, die ihnen am besten gefallen. Dieser Zustand wird nie erreicht werden können, denn es fallen bei jedem Konsum und jeder Konsumentscheidung Suchkosten, Transaktionskosten und Koordinierungskosten an. Intelligente Aggregatoren und entsprechende Technologien und Algorithmen sind dabei die aus ökonomischer Sicht beste Möglichkeit, dem Idealzustand am nächsten zu kommen, denn sie minimieren diese Kosten für Anbieter und Nachfrager gleichermaßen und realisieren die größten Effizienz- und Konsumvorteile („Economies") in der Koordination, in der Suche und Identifikation und der Auslieferung von personalisierten Medienangeboten. Die entscheidende Stufe in der Wertschöpfungskette bei digitalen Medienangeboten liegt also in der effizienten und passgenauen Rekonstruktion von kleinteiligen Medienangeboten für Kunden. Wer hier mehr Inhalte für sein Aggregatorangebot versammeln kann als Wettbewerber und wer diese Inhalte besser mikrodifferenzieren kann als Wettbewerber, hat die Nase vorn. Dazu müssen Zusammenhänge im Konsum und der Nutzung von Medienprodukten ausgewertet werden können. Dadurch lassen sich im Abgleich individueller Konsummuster und deren Ähnlichkeiten oder Unähnlichkeiten zunehmend treffendere Voraussagen zum potenziellen Nutzen von Medieninhalten für einzelne Kunden treffen und entsprechende individuelle Angebotspakete produzieren. Je größer und umfassender das Netzwerk zur Auswertung ist, desto stärker die Netzwerkeffekte und desto besser sind solche passgenauen Angebote realisierbar. Dabei kommt es nicht allein auf die rein zahlenmäßige Größe eines Netzwerks an, sondern eher darauf, dass alle möglichen Kunden der realen Welt sich auch entsprechend in dem Netzwerk wiederfinden und dass sie möglichst aktiv sind. Es ist also auch extrem relevant für nationale und regionale Anbieter von Medienprodukten und Medialeistungen.

Rekonstruktion und Mikrodifferenzierung oder Personalisierung ergeben zudem ein deutlich höheres Potenzial der Marktausschöpfung und damit von Umsatz und Gewinn als klassische Massenmedienformate oder Blockbuster. Standardisierte Massenprodukte, zum Beispiel eine Tageszeitung, sprechen eine Zielgruppe an und können diese Menschen vom Kauf oder Abo überzeugen, für die die gegebene Mischung der Inhalte mehr erwarteten Nutzen als Enttäuschung vermuten lässt. Eine Sicherheit für den Konsumenten gibt es gerade bei Medienprodukten vor dem Kauf nie (Informationsparadoxon und adverse Auslese), weswegen stets die Erwartungen und deren mutmaßliche Erfüllung als Indikator gelten müssen. Das bedeutet aber zwangsläufig immer auch, dass es eine andere Gruppe potenzieller Kunden gibt, für die diese Nutzen-Enttäuschungs-Relation andersherum aussieht. Diese Gruppe kann mit dem gegebenen, starren, analogen Standardprodukt nicht gewonnen werden. Schaut man auf die Auflagen von Tageszeitungen in Deutschland im Verhältnis zur potenziellen Kundenzahl in Deutschland und den Regionen, ist die zweite Gruppe sogar die größere – Tendenz steigend. Mit Aggregierung und Mikrodifferenzierung im digitalen Bereich ließe sich das vorhandene Potenzial deutlich besser ausschöpfen, da nun mit einer extrem hohen Anzahl an Angebotsmöglichkeiten für theoretisch jeden Interessenten zu extrem niedrigen Kosten ein Angebot produziert werden kann, das jeweils eine positive individuelle Nutzen-Enttäuschungs-Relation aufweist. Damit wären die Verkaufspreise pro einzelnem Produkt sicher geringer als bei der gedruckten Zeitung (siehe hierzu die vorherigen Ausführungen zu geringeren Zahlungsbereitschaften und Durchschnittspreisen bei digitalen Gütern in diesem Kapitel), in Summe ergeben sich aber wegen der deutlich höheren Marktausschöpfung bei gleichzeitig extrem niedrigen Produktionskosten deutlich höhere Gesamtumsätze und somit auch deutlich höhere Gewinnmargen. Und je mehr Menschen in einem definierten Markt auch tatsächlich mit den eigenen Produkten und Inhalten erreicht werden, desto größer und zuverlässiger ist die auswertbare Datenbasis und damit die Wahrscheinlichkeit, Kundeninteressen zu treffen, Nutzen zu liefern und somit Kundenbindung und Loyalität gegenüber einem Anbieter und einer Marke aufzubauen, zu erhalten und zu stärken.

Genau darum muss es jedem Anbieter von Medienprodukten letztlich gehen, digital und analog. Die gedruckte Tageszeitung kann diese Aufgabe jedoch nicht mehr leisten und diesen Anspruch nicht mehr erfüllen. Gründe sind die veränderten crossmedialen, digitalisierten wirtschaftlichen Rahmenbedingungen und Logiken, als auch das veränderte Nutzungsverhalten von Medien und Informationen in der Gesellschaft, die sich noch dazu beide gegenseitig bedingen.

Aufmerksamkeit ist aus mehreren Gründen knapp. Ökonomisch und produktionstheoretisch betrachtet ist es in crossmedialen und digitalisierten Medienmärkten, wie zuvor ausführlich beschrieben, die relativ knappste Ressource. Mit Blick auf die Nutzungs- und Konsumgewohnheiten der Kunden ist Aufmerksamkeit ebenfalls extrem knapp bezogen auf die Aufmerksamkeitsdauer beim Medien- und Unterhaltungskonsum. Die Summe der Zeit, die Menschen für den Medienkonsum aufbringen, ist gestiegen – dafür teilt sich der Medienkonsum, wie ebenfalls zuvor ausführlich beschrieben, auf jeweils sehr kurze, zusammenhängende Nutzungs- und Informationsperioden auf. Zudem steigt die Parallelnutzung von unterschiedlichen Medien und Geräten und Plattformen, was die Aufmerksamkeit weiter verknappt. Die durchschnittliche Lektüre einer Tageszeitung in Deutschland dauert zwischen 20 und 40 min. 43 % lesen bis zu einer halben Stunde, weitere 39 % zwischen einer halben und einer ganzen Stunde, der Rest länger (ZMG 2014, 2015; Statista 2001). Eine Zeitung wird normalerweise am Stück, zumeist morgens, gelesen. Unter diesen Rahmenbedingungen ist es, ökonomisch betrachtet, relativ teuer mit einem Standardprodukt wie eine gedruckte Tageszeitung täglich eine derart lange Aufmerksamkeitsspanne vom Kunden und Leser haben zu wollen. Des Weiteren sind Menschen in ihrer steigenden Mehrzahl nicht bereit und gewohnt, so lange am Stück Informationen aufmerksam zu konsumieren, ohne nebenbei auch etwas anderes machen zu können (abgesehen von Essen, Trinken, Toilettengang und Radiohören). Die Chancen auf täglich 20 bis 30 min Aufmerksamkeit von Kunden für ein kostenpflichtiges Standardprodukt zu bekommen, nehmen also immer weiter ab, die relativen Kosten dafür nehmen immer weiter zu. Es ist nicht zu erwarten, dass diese Bereitschaft komplett bis auf den Nullpunkt sinkt und somit keine Zeitungen mehr gebraucht beziehungsweise nachgefragt werden. Die Nachfrage und das Marktvolumen werden aber sicherlich derart abnehmen, dass es nicht mehr lohnend ist, als regionaler Anbieter das Geschäft mit täglich gedruckten Zeitungen weiter zu betreiben. Nationale Anbieter können hier sicherlich weiter ein gewinnbringendes Geschäft betreiben, da sie den gesamten deutschen und deutschsprachigen Markt avisieren.

Für regionale und lokale Anbieter ergeben sich hieraus zwei mögliche Konsequenzen:

1. Zusammenschluss oder Übernahmen zu Regionen übergreifenden Verlagsholdings oder Verlagsgruppen. Über Mehrfachverwertung von Inhalten für verschiedene Titel, Redaktions- und Produktionsgemeinschaften und das Ausnutzen von Skalen-, Verbund- und Kostendegressionseffekten, kann so noch weiter gewinnbringend produziert, vertrieben und gewirtschaftet werden. Hier sind aber allein schon durch die Vorschriften des Wettbewerbs- und Kartellrechts enge Grenzen gesetzt.
2. Anpassen des Produktportfolios an die veränderten Bedingungen der Aufmerksamkeitsökonomie. Kunden sind immer weniger bereit, eine halbe

Stunde für die Zeitungslektüre zu „opfern" – ein bis zwei Stunden pro Woche dürften sie dagegen gerne für das Lesen von gedruckten Informationen hergeben. Diese Bereitschaft zur Aufmerksamkeit ist bei Abonnenten in der Regel sogar noch höher, als im Durchschnitt aller potenziellen Konsumenten und Leser. So lesen zum Beispiel Zeitschriftenabonnenten im Schnitt rund 15 % länger ihre Zeitschriften, als Nicht-Abonnenten (Statista 2014f). Auch bei anderen Abos wie beispielsweise Musik oder TV/Mediatheken ist die Nutzungsdauer und Nutzungsintensität bei Abonnenten höher.

▶ Das historische Prinzip der täglichen Erscheinungsweise aufzugeben ist also die konsequente und notwendige Antwort auf die sich ändernden Marktumstände und Konsumentenpräferenzen und bringt zudem einen Vorteil für die Nutzung des Printprodukts als Abonnement.

Hinzu kommt, dass die Anforderungen und Erwartungen der Kunden an eine Zeitung nicht mehr mit einer täglich gedruckten Ausgabe erfüllt werden können. Diese Anforderungen sind, dass die Zeitung und ihre Redaktionen inhaltlich kompetent in ihren Feldern und Themen sind und diese detailliert kennen, erklären und darüber berichten können, dass Zeitungen hintergründig, gut recherchiert und umfassend informieren, dass Zeitungen das Sprachrohr der lokalen und regionalen Bevölkerung sind und Missstände aufdecken (vgl. hierzu u. a. ZMG 2014, 2015; BDZV versch. Jahrgänge).

Die Anzahl der Redakteure bei deutschen Tageszeitungen ist seit dem Jahr 2000 um rund ein Drittel gesunken (BDZV; Statista 2012). Gleichzeitig sind Redakteure bei Tageszeitungen prinzipiell für die Nachrichten- und Inhalteproduktion für das Printprodukt und die Onlineangebote zuständig. Weniger Personen müssen also mehr Output erzeugen und mehr Kanäle bespielen. Die Tageszeitung verfolgt weiterhin den Anspruch, auch in ihrer Printausgabe aktuell zu berichten. Also sind die meisten Redakteure täglich auf verschiedenen Terminen, zu welchen sie dann am selben Tag für die kommende Ausgabe ihre Berichte verfassen. Vor diesem rein produktionspraktischen Hintergrund der täglichen Printproduktion können die Anforderungen wie Themenspezialisierung, gute und intensive Recherche und hintergründige Information nicht geleistet und geliefert werden. Ebenso sind Redakteure von Tageszeitungen nicht in der Lage zu intensivem Kontakt mit den eigenen Lesern und den Menschen in der Region, als dass sie ein wirkliches „Sprachrohr" der Bürger sein könnten und sich ausdauernd und kontinuierlich um deren Belange kümmern könnten. Auch der Anspruch einer umfassenden Information und Berichterstattung kann nicht mehr erfüllt werden, da neben der knapp getakteten Produktionszeit auch die stetig abnehmende Seitenzahl einer durchschnittlichen Tageszeitungsausgabe genau in die entgegengesetzte Richtung weist. Kurz gesagt: Immer dünnere Zeitungen müssen zwangsläufig auch immer weniger umfassend berichten. Hinzu kommt, dass der Anteil an Inhalten aus Redaktionsgemeinschaften und von Agenturen in Zeitungen über das vergangene Jahrzehnt deutlich zugenommen hat. Auch Agenturmeldungen, so wichtig und notwendig sie auch sind, können von ihrer Art her nicht den Anspruch an lokalen und regionalen Journalismus und Verwurzelung erfüllen, wie es von Tageszeitungen seitens der Leser und ebenso Nicht-Leser gefordert und vorausgesetzt wird.

Relevante Inhalte zu produzieren und über Hintergründigkeit und Einordnung Orientierung zu geben, ist für Redaktionen von Tageszeitungen unter den gegebenen Anforderungen und Umständen nicht möglich. Zeitungen, Redaktionen und Verlage betonen jedoch stets, dieses Leistungsversprechen zu geben. Ein Versprechen, das nicht eingehalten werden kann. So muss es zwangsläufig zu Produkttenttäuschungen kommen. In der Folge entscheiden sich kaum noch Menschen dazu, eine Zeitung regelmäßig zu lesen geschweige denn zu abonnieren und diejenigen, die es noch tun, steigen zunehmend aus und bestellen ihre Zeitungen ab oder verlängern ihre Abonnements nicht. Vor dem Hintergrund, dass die Verkaufs- und Abopreise weiter steigen werden, ist es keine Kunst, vorauszusagen, dass sich dieser Trend noch weiter verstärken wird. Denn zugleich nimmt die Qualität und Leistungsfähigkeit von alternativen Angeboten weiter zu, digitale Nachrichten- und Unterhaltungsquellen als auch Social-Media-Plattformen und Messenger-Dienste vollziehen in ihrer Entwicklung genau die Leistungs- und damit Attraktivitätssteigerungen, die disruptiven Innovationen wie beschrieben eigen sind.

Gerade deswegen wäre es auch gar nicht notwendig, vonseiten der Verlage und Redaktionen, Versprechen zu geben, die nicht eingehalten werden. Für die tägliche Information ist eine gedruckte Zeitung nicht (mehr) notwendig – zumal nicht, wenn sie die Erwartungen und Anforderungen nicht erfüllt. Insofern ist der bessere Weg darin zu sehen, ein Produkt zu bieten, das den Nutzungs- und Informationsgewohnheiten der Mehrzahl der Kunden entspricht und auch in der Lage ist, deren Erwartungen und Anforderungen zu erfüllen und eine Kaufbereitschaft zu erzeugen. Will man die Konkurrenz zu digitalen und elektronischen Alternativen als gedruckte Tageszeitung aufnehmen, so muss das Produkt radikal vereinfacht und verbilligt werden. So oder so: Das ist das Ende des traditionellen Verbundproduktes täglich gedruckte Zeitung.

Diese Konsequenz ist notwendig, weil sie aus der Kundenperspektive und unter ökonomischen Überlegungen die einzig sinnvolle ist. Ein Anbieter, der nicht auf seine Kunden eingeht und die Zahlen ausblendet, wird vom Markt verschwinden. Und diese Konsequenz zieht wiederum andere nach sich. Zum Beispiel in der Organisation. Produktion von Online- und Printangeboten müssen prinzipiell (wieder) voneinander getrennt werden und weitgehend unabhängig voneinander handeln. Die Vorstellung von der Zeitung als einem fertigen Verbundprodukt muss als Folge dessen ebenso fallen. Im digitalen Markt sind Kunden nur zu einem sehr geringen Teil bereit, für geschlossene Massen- und Medienprodukte zu zahlen. Die Gegenwart und die Zukunft des Zeitungsmachens und des Verlegertums liegen darin, die eigenen Produkte plastisch, formbar, veränderbar und aggregierbar zu machen und damit eine viel höhere Marktausschöpfung und Umsätze zu erreichen, als es mit den aus der analogen Welt tradierten Formaten möglich ist, wie zuvor bereits beschrieben worden ist. Das gilt prinzipiell für alle Märkte oder Verbreitungsgebiete, ohne Mindestgrößen oder andere bestimmte Voraussetzungen, die vermeintlich erfüllt sein müssten.

Vor allem für kleinere und großflächige Gebiete empfiehlt sich die Variante mit weniger Erscheinungstagen pro Woche. Für Ballungszentren sind prinzipiell diese als auch die Variante der radikal vereinfachten und günstigen oder kostenlosen Tageszeitung möglich. Diese Variante könnte das Leistungsversprechen schneller und leicht konsumierbarer und gleichzeitig nach Relevanz ausgewählter, also auch hier aggregierter, Information einhalten. Die Variante mit weniger Erscheinungstagen könnte den Anspruch erfüllen, Orientierung, fundierte Einordnung und Analyse, „ausgeruhte" Recherche und Darstellung und handwerklich hohe Qualität in Layout, Präsentation, Kommentierung und nicht zuletzt klassischen Printjournalismus zu bieten.

In diesem Zusammenhang muss eine neue strategische Ausrichtung für Verlage von Tageszeitungen im Printgeschäft vorgenommen werden. Es geht um Schrumpfungsstrategien. Bisher sind alle Pläne, Projekte und Investitionen im Printbereich auf Wachstum oder zumindest auf eine Verlangsamung der Entwicklung von sinkenden Auflagen, Vertriebserlösen und Umsätzen ausgerichtet (gewesen). Diese sogenannten Strategien können jedoch nicht von Erfolg gekrönt sein und zeugen darüber hinaus von einer falschen Analyse der Situation und einem falschen oder gar keinem Verständnis von digitalem Wandel, digitaler und crossmedialer Transformation und Ökonomie und Kundenverhalten in digitalen Medienmärkten. Schrumpfungsstrategien sind natürlich nicht so sexy und jeder Manager und Verleger und Chefredakteur möchte natürlich gerne Wachstumsstorys von sich und seinem Tun erzählen. Aus unternehmerischer Sicht sind Schrumpfungsstrategien allerdings nicht schlechter oder besser als Wachstumsstrategien. Mit intelligenten Konzepten lässt sich auch in zurückgehenden Märkten noch prächtig Geld verdienen und eine Stellung als Marktführer dauerhaft sichern. Während die Massenproduktion heruntergefahren wird und Kosten sinken, kann und muss mehr in die handwerkliche Qualität des Produktes investiert werden, das nun mehr und mehr zu einem Luxusprodukt für eher kleine Käuferschichten entwickelt werden muss. Wird dieser Anspruch eingehalten, können auch die Preise für das Gut angehoben und damit die Margen für den Anbieter erhöht werden.

Hohe Qualität und ein realisiertes Qualitätsversprechen zusammen mit einer emotionalen Botschaft sind die typischen Kriterien für eine Marke. Marken können eine hohe Kaufbereitschaft erzeugen und die Kundenbindung stärken. Das heißt, dass Medienunternehmen und Verlage, die diese Strategie für ihr Printgeschäft wählen, ihre Kompetenzen nicht nur im journalistischen Bereich halten und ausbauen müssen, sondern vor allem ihre Fähigkeiten in Markenaufbau, Markenführung und Customer Relationship Management (CRM) massiv weiter entwickeln müssen.

▶ Medienunternehmen müssen viel Kraft in ihre Marke investieren. Nur so können sie weiterhin in ihren Märkten und bei ihren Kunden bestehen.

Literatur

Anthony SD, Viguerie P, Waldeck A (2016) Corporate longevity: turbulence ahead for large organizations; half of S&P 500 companies are expected to be replaced over the next 10 years, and a new survey points to organizational inertia and lack of long-term vision, Boston 2016. http://www.innosight.com/innovation-resources/strategy-innovation/upload/Corporate-Longevity-2016-Final.pdf. Zugegriffen: 21. Aug. 2016
BDZV Jahrbuch deutscher Zeitungen, versch. Jahrgänge bis 2016
Beck H (2013) Medienökonomie. Springer, Heidelberg
Christensen C (2015) The innovator's dilemma: when new technologies cause great firms to fail (management of innovation and change). Harvard Business Review Press, Boston
Christensen C, Raynor M (2013) The innovators solution. Creating and sustaining successful growth. Harvard Business Press, Boston
Christensen C, Raynor M, McDonald R (2015) What is disruptive innovation. hbr.org, https://hbr.org/2015/12/what-is-disruptive-innovation. Zugegriffen: 24. Aug. 2016
Dru J-M (2015) The ways to new. 15 paths to disruptive innovation. Wiley, New Jersey
Fuchs W, Unger F (2014) Management der Marketing Kommunikation. Springer, Heidelberg
Gläser M (2014) Medienmanagement. Vahlen, München
Grant A, Grant G (2012) Who killed creativity?: …and how do we get it back?. Wiley, Melbourne
Haque U (2008) The new economics of media. Harvard Business Press, Harvard
Haque U (2011) The new Capitalist manifesto. Harvard Business Press, Harvard

Hauschildt J, Salomo S (2011) Innovationsmanagement. Vahlen, München
Lambert C (2014) Disruptive genius, Harvard Magazine. http://harvardmagazine.com/2014/07/disruptive-genius. Zugegriffen: 24. Aug. 2016
Meyer J-U (2016) Radikale Innovation: Das Handbuch für Marktrevolutionäre. BusinessVillage, Göttingen
Moore G (2014) Crossing the chasm. Marketing and selling disruptive products to mainstream customers. Harper Collins, New York
Noé M (2013) Innovation 2.0 : Unternehmenserfolg durch intelligentes und effizientes Innovieren. Springer, Heidelberg
Picot A, Freyberg A (2010) Media Reloaded: Mediennutzung im digitalen Zeitalter. Springer, Heidelberg
Sampere JPV (2016) Why platform disruption is so much bigger than product disruption, Harvard Business Review April 2016. https://hbr.org/2016/04/why-platform-disruption-is-so-much-bigger-than-product-disruption. Zugegriffen: 21. Aug. 2016
Statista (2001): Zeit für Zeitungslektüre. http://de.statista.com/statistik/daten/studie/452/umfrage/zeit-fuer-zeitungslektuere/. Zugegriffen: 21. Aug. 2016
Statista (2012): Redakteure, Volontäre bei Tages- und Wochenzeitungen in Deutschland bis 2011. http://de.statista.com/statistik/daten/studie/245562/umfrage/redakteure-und-volontaere-bei-den-tages-und-wochenzeitungen/. Zugegriffen: 21. Aug. 2016
Statista (2014) Umfrage zur durchschnittlichen Zeit, die sich Leser für eine Zeitschrift nehmen 2014. http://de.statista.com/statistik/daten/studie/350633/umfrage/umfrage-zur-durchschnittlichen-zeit-die-sich-leser-fuer-eine-zeitschrift-nehmen/. Zugegriffen: 21. Aug. 2016
Thiel P, Masters B (2014) Zero to one. notes on startups, or how to build the future. Random House, New York
Wirtz B (2012) Medien- und Internetmanagement. Springer Gabler, Heidelberg
Zeitungs Marketing Gesellschaft ZMG (Hrsg) Radikal Regional, new business Report „Regionale Tageszeitungen 2015 & 2014"

„All the news that's fit to print" – die schlanke Tagespresse 5

Aus den bisherigen Überlegungen ergibt sich als eine mögliche Konsequenz die radikale Vereinfachung des Formats gedruckte Zeitung. Tageszeitungen sind heute, wie beschrieben, zu überladen, zu aufwendig für den Leser, nehmen zu viel Zeit in Anspruch – sie sind „overengineered". Und das ist meist das Todesurteil für etablierte Produkte, wenn neue und leistungsfähigere Alternativen zur Verfügung stehen, die die Nutzerbedürfnisse der Kunden erfüllen können. Das ist der Fall, denn es gibt mehr als ausreichend leistungsfähige elektronische und digitale Alternativen. Insofern muss sich das Printprodukt, wenn es denn noch täglich erscheinen soll, in seiner Qualität, seiner Gestaltung und seinen Inhalten den neuen Umständen anpassen. Der Spruch „All the news that's fit to print" der New York Times von 1896 kann hier Pate stehen – allerdings in einer neuen Interpretation.

Neuigkeiten, die gedruckt werden und es auch wert sind, sind schnelle Informationen auf einem einfachen und schnell konsumierbaren Level – News to go. Das bedeutet eine radikal vereinfachte Qualität in Produktion, Layout und inhaltlicher Tiefe. Die Ansprüche der meisten Kunden sind aktuellen Nachrichten gegenüber recht niedrig. Zusammengefasst auf die Kernerwartungen lässt es sich mit kurz, klar, einfach und bequem beschreiben. Nachrichtenplattformen, die diese gewünschte Qualität am besten zu liefern in der Lage sind, haben in der Vergangenheit stark an Rezeption und Markanteilen gewonnen oder sie trotz neuer Konkurrenz und Alternativen gehalten. Das gilt für das Radio, als auch für neuere Formen der Kommunikation wie Social-Media-Plattformen oder Messenger-Dienste. Der Grund hierfür liegt in den in Kap. 2 beschriebenen Nutzungsumständen, unter denen Menschen heute zum Großteil Nachrichten und Informationen konsumieren. Diese Nutzungsumstände und Medienkonsumgewohnheiten, wie auch gesellschaftliche Änderungen in Arbeits- und Tagesabläufen haben die Qualitätskriterien in Bezug auf den täglichen Nachrichtenkonsum weitgehend neu definiert. Währenddessen hat die gedruckte Tageszeitung ihre historischen Vorstellungen und Paradigmen von Qualität starr behalten, ja sogar noch nach oben geschraubt und sich dadurch vom Markt und den eigenen potenziellen Kunden entfernt. Das hat zur Folge, dass Anbieter von Tageszeitungen mit ihrem grundsätzlich unveränderten Produkt, versuchen die Nutzungsgewohnheiten ihrer avisierten Kunden zu diktieren und sie zu bestimmten, zur tradierten Ausrichtung der gedruckten Zeitung passenden Nutzungsgewohnheiten zu überreden oder zu erziehen. Die Chance, hiermit Erfolg zu haben, ist praktisch null. Einzelne Produkte und selbst ganze Technologien alleine sind historisch nie in der Lage gewesen, die Gewohnheiten, Rituale und Wertvorstellungen von Kunden oder gesellschaftlichen Gruppen zu bestimmen oder vorzugeben. Nur wenn Produkte und Technologien zu den bestehenden oder sich entwickelnden und verstärkenden gesellschaftlichen Rahmenbedingungen und Strukturen passten, konnten sie sich durchsetzen und dann diese Entwicklungen sogar noch beschleunigen. Produkte und Technologien und Geschäftsmodelle, die sich nicht darauf einstellten, verschwanden praktisch komplett oder mussten sich auf ein kleines Nischendasein beschränken. Vor eben diesen Herausforderungen stehen Redaktionen, Verlage und ihre Produkte seit rund zwei Jahrzehnten. Die Antwort war bisher in den meisten Fällen der Versuch, das Gegebene gegen den Trend zu bewahren.

Den Trend bestimmen aber längst andere Mediengattungen, Produkte und Services. Will die Tageszeitung als gedrucktes Produkt gegen Apps, Aggregatoren, Social Media und Messenger in direkter Konkurrenz eine Chance haben – und das ist eine mögliche, aber keine zwangsläufige Option – muss sie anhand der gleichen Qualitäts- und Leistungsmerkmale wie die Konkurrenten ihre Eigenschaften und Vorteile definieren. Eine Fokussierung auf nicht für die Nutzer relevante Kriterien oder eine Übererfüllung der Qualitätsanforderungen verbunden mit hohen Preisforderungen bedeuten einen absoluten Nachteil im Wettbewerb.

Eine konkurrenzfähige gedruckte Tageszeitung muss also ein einfaches, ja spartanisches und leicht zu erfassendes Layout aufweisen. Inhaltlich muss hier nur eine Auswahl an den jeweils wichtigen und relevanten Geschichten im großen Format geboten werden. Der Anspruch der „Allgemeinen und umfassenden Information" mit verschiedenen Zeitungsbüchern und weitgehend zerstückelten und unübersichtlichen Seiten und Meldungen muss dabei fallen. Das Produkt muss sich auf eine reine Wiedergabe von Fakten beschränken, Kommentare, Prosa oder Versuche der kommentierenden Einordnung sind hier überflüssig, verwirren und stören. Der Anspruch geht vielmehr dahin, intuitiv und schnell und nebenbei lesbar und konsumierbar zu sein. Damit muss sich die gedruckte Tageszeitung in weiten Teilen ihren eher ungeliebten Geschwistern, den Anzeigenblättern, angleichen.

Zugleich ist die Tageszeitung in dieser einfachen, sehr schlanken und leichten, neuen Form ein typisches FMCG-Produkt (Fast Moving Consumer Goods). Diese zeichnen sich dadurch aus, dass sie mehr oder weniger achtlos und ohne große Wertschätzung durch den Kunden verbraucht werden. Man kann auch von Instant- oder Wegwerfprodukten sprechen. Nichtsdestotrotz bilden diese Produkte einen großen und lukrativen Markt. Allerdings widerspricht das komplett dem gepflegten Selbstverständnis von Verlegern und Redaktionen, ihr Produkt solle ein sogenanntes Qualitäts- oder gar Luxusprodukt sein. Güter des täglichen Verbrauchs sind aber eben genau keine Luxusgüter. Damit kann die entschlackte und radikal vereinfachte gedruckte Tageszeitung auch auf einen eigenen USP (Unique Selling Point/Proposition) verzichten. Wiederum ein Vorteil, denn alle behaupteten und historisch tradierten USP der gedruckten Tageszeitung, wie etwa journalistisch hochwertige Information, Aktualität oder gesellschaftliches Prestige, sind heute obsolet oder werden von Alternativen viel besser erfüllt. Zudem lassen sich keine latenten Bedarfe finden, die die Tageszeitung als gedrucktes und relativ teures Produkt besser als andere Alternativen erfüllen könnte.

Marke, Werbedruck und Preis als neue Alleinstellungsmerkmale
Wenn es praktisch keine konkurrenzfähigen USP für eine Produktgattung (mehr) gibt, ist es nur konsequent und strategisch sinnvoll, sich von der Idee, einen USP zu haben, zu verabschieden und auf andere Kriterien zu setzen. Diese Kriterien sind Marke, Werbedruck und Preis. Die Bedeutung des Markennamens ist aus dem FMCG-Bereich bestens bekannt und als Erfolgsfaktor etabliert und bewiesen. Kunden greifen gewohnheitsmäßig und ohne großartiges Nachdenken zu den Produkten, deren Marke sie aus welchen Gründen auch immer akzeptiert und verinnerlicht haben. Mit jedem neuen Kauf und positivem oder indifferenten Nutzenerlebnis wird die Markenbindung noch verstärkt. Eine geradezu perfekte Grundlage für die Markenbildung und Kundenbindung bei einem täglichen Verbrauchsprodukt, wie einer Tageszeitung.

Markenbekanntheit und Verankerung muss durch Werbung gewährleistet werden. Bei wenig oder gar nicht unterscheidbaren Produkten entscheidet der Werbedruck über den Erfolg bei Kunden. Auch dieser Zusammenhang ist aus dem FMCG-Markt bekannt und erwiesen. Auch eine gedruckte, schlanke und radikal einfache Tageszeitung müsste beworben werden. Zum einen ist das bereits jetzt der Fall, stellt also keine wirklich neue Aufgabe für Zeitungsanbieter dar. Zum anderen dürfte sich das Ausmaß an „Marketing-Kriegen" und damit auch der Kosten in Grenzen halten, da in den meisten Gebieten sowieso Monopole herrschen oder es selbst in Ballungsräumen nie mehr als zwei bis drei konkurrierende Blätter gibt. Höchstwahrscheinlich würde es in absehbarer Zeit bei diesem

Modell zu einer Marktbereinigung kommen, denn im Massengeschäft wird der Wettbewerb über die beste Ausnutzung vom Mengen-, Skalen- und Kostendegressionseffekten ausgetragen, sodass sich Monopolisten durchsetzen werden (wenn sie denn nicht schon längst, wie in den allermeisten Fällen da sind). Insofern würde sich das Werbeziel auf die Markenfestigung und Verankerung bei Kunden fokussieren. Diese Werbung müsste konsequent auf die für Kunden entscheidenden Wettbewerbskriterien setzen. Zu den zuvor bereits Genannten kommt noch ein weiteres hinzu: Der Preis.

Die gedruckte Tageszeitung in ihrer neuen Form ist kostenlos für die Leser und finanziert sich rein über das Anzeigengeschäft. Die kostenlose Ausgabe der Zeitung ist eine wettbewerbliche Notwendigkeit. Die vorhandenen Alternativen sind kostenlos und die Zahlungsbereitschaft für tägliche News ist faktisch null. Das Produkt muss, wie zuvor beschrieben, extrem simpel sein. Hier ist also auch keine Zahlungsbereitschaft zu erwarten. Die Tatsache, dass es sich um ein haptisches Produkt handelt, erzeugt ebenfalls keine Zahlungsbereitschaft, denn es ist von vornherein klar, dass das Produkt nach einigen Minuten verbraucht ist und entsorgt werden wird, und nichts auch nur halbwegs materiell dauerhaft Nutzen bringendes an sich hat.

Das mag in Anbetracht der Tatsache, dass aktuell rund zwei Drittel der Zeitungserlöse in Deutschland aus dem Vertrieb stammen, zunächst erschreckend klingen. In der langen Perspektive betrachtet ist es aber die vorherrschende Form der Presse- und Zeitungsfinanzierung. Journalismus hat sich in diesem Sinne noch nie gelohnt. Journalistische Produkte waren historisch und ökonomisch betrachtet nie in der Lage, sich aus sich selbst heraus über die journalistische Leistung zu finanzieren. Das bedeutet nicht, dass diese journalistische Leistung deswegen keinen Wert besäße. Die Finanzierung von Nachrichten und journalistischen Produkten erfolgte und erfolgt bis heute zum größten Teil oder komplett über die Erlöse aus verschiedenen Werbeformaten. Das war bei den ersten Flugblättern und Zeitungen so, die dies sogar zum großen Teil in ihrem Namen trugen und bis heute tragen und sich als „Anzeiger" bezeichneten, weil sie in erster Linie auf das Anzeigengeschäft wirtschaftlich wie inhaltlich ausgerichtet waren. Diese Tatsache zieht sich von diesen Anfangszeiten durch über das 18. und 19. und frühe 20. Jahrhundert bis in die Moderne von heute. Und es gilt für alle Medienbereiche. Zeitungen sind in dem Vergleich sogar noch am wenigsten über Anzeigen finanziert, privates Radio und Fernsehen finanzieren sich ausschließlich so und digitale Nachrichten- und Unterhaltungsangebote ebenfalls. Insofern gliche sich die Tageszeitung als kostenloses und frei zugängliches Massenprodukt „nur" den anderen Medienangeboten an.

Hierfür muss zwingend gewährleistet sein, dass diese kostenlose gedruckte Zeitung eine höchstmögliche Auflage bieten kann. Dann ist es prinzipiell möglich, aus den Werbeerlösen das Geschäft zu finanzieren. Dieses Modell eignet sich damit in erster Linie für Städte und Ballungsräume. Es ist nicht allein für Großstädte denkbar und sinnvoll, sondern auch für kleine und mittlere Städte, da es nicht auf die absolute Reichweite, sondern auf die relative Reichweite des Produkts als Werbeträger in dem entsprechenden Gebiet und die Haushaltsabdeckung ankommt.

Die Möglichkeiten, das zu erreichen, liegen in der kostenlosen Belieferung von allen Haushalten einer Region nach dem Vorbild der Anzeigenblätter. Hier gibt es aber rechtliche Vorschriften und Gebote, die das nur unter bestimmten Bedingungen erlauben, zum Beispiel Gesetze gegen den unlauteren Wettbewerb, die hier greifen würden, solange noch kostenpflichtige Tageszeitungen im gleichen Markt angeboten werden würden. Eine andere Möglichkeit besteht in der kostenlosen Verteilung oder Auslage an stark frequentierten Stellen in der Stadt oder dem Gebiet, also an Haltestellen des öffentlichen Nahverkehrs, an Verkehrsknotenpunkten wie Kreuzungen und Ampeln, auf Märkten, in öffentlichen Gebäuden, vor Supermärkten und Einzelhandel oder in der Gastronomie. Wahrscheinlich ist hier eine nachmittägliche und abendliche Verteilung sinnvoller als am Morgen, da in der zweiten Tageshälfte das Bedürfnis nach leicht konsumierbarer, zusammenfassender Information über die Dinge, die man am Tag „verpasst" hat, tendenziell höher sein sollte und das beschriebene Produktformat besser zu den Nutzungsgewohnheiten am Nachmittag und Abend passt. Es wäre somit die Rückkehr der „Abendzeitung" oder des „Abendblattes" in anderer, passender und vor allen Dingen zeitgemäßer Form.

Auch unter diesen Umständen wäre ein Verkauf der gedruckten Tageszeitung überhaupt nicht sinnvoll möglich, was den Zwang zur Kostenlosigkeit unterstreicht. Der Prozess des Kaufs mit Bezahlungsabwicklung, wenn es denn hypothetisch angenommen eine Zahlungsbereitschaft gäbe, wäre zu aufwendig. Wenn das Ziel einer höchsten Reichweite und einer möglichst hundertprozentigen Haushaltsabdeckung erreicht werden muss, ist das im Direktverkauf gar nicht möglich.

Umstellung auf Anzeigenblatt prüfen
Die dargestellten Punkte entfalten auch natürlicherweise Konsequenzen für die Produktion und Organisation von Verlagen und Redaktionen. Die Redaktion für eine schlanke Tageszeitung ist zwangsläufig auch sehr schlank. Aus kaufmännischer Sicht ist das sogar sinnvoll und notwendig, denn durch die kostenlose Verteilung

und reine Anzeigenfinanzierung bei gleichzeitig hohen Produktions- und Distributionsaufwänden ist der Kostendruck sehr hoch. Da nur eine relativ basale Qualität in Inhalt und Form erreicht werden muss, ist eine Redaktion, die sich nur auf das Notwendigste beschränkt sogar aus publizistischer Sicht vertretbar.

Das sind natürlich massive Änderungen in der Struktur, Arbeitsweise und Kultur traditioneller Zeitungsverlage. Völlig unemotional betrachtet heißt diese Möglichkeit: das bisherige Zeitungsgeschäft einstellen und auf Anzeigenblatt umstellen. Es wäre eine von den zuvor angesprochenen Schrumpfungsstrategien. Die Organisation und die Abläufe werden deutlich verschlankt und vereinfacht, trotzdem ist es möglich, gute Umsätze und Gewinne zu erwirtschaften. Onlineaktivitäten wären nur lohnend, wenn sie sich nicht auf den Nachrichtenbereich beziehen, denn in diesem Fall wären sie eine komplette Konkurrenz zum eigenen Printprodukt. Das Medienhaus müsste sich im digitalen Bereich auf unterschiedliche, dem bisherigen Geschäft zugehörige, nicht journalistische Serviceangebote spezialisieren, wie regionale Rubrikenanzeigen (wobei dieses Geschäft in den allermeisten Fällen bereits von digitalen Anbietern weitgehend besetzt wird), Verzeichnisse, die Vermittlung von Geschäften über Plattformen und mobile Applikationen oder Agenturleistungen.

Andere lokale und regionale Medienanbieter wie Radio und Fernsehen könnten eine einfache und schnelle Tages- oder Abendzeitung als Erweiterung oder zusätzliche Verwertung ihres laufenden Betriebs und Programms realisieren. Der redaktionelle Aufwand hierfür wäre sehr gering, die potenziellen Inhalte bereits vorhanden. Kosten für Druck und Distribution könnten durch Outsourcing oder Kooperationen oder Joint Ventures flexibel und kontrollierbar gehalten werden. Das Einnahmepotenzial durch eine gemeinsame Vermarktung mit den bestehenden Angeboten und Programmen wäre hoch bis sehr hoch. Kannibalisierungseffekte oder Schädigungen des bestehenden Geschäftes dürften sich ebenfalls in engen Grenzen halten, da in diesem Falle (Radio oder TV als Herausgeber) mit einem neuen Produkt für neue Nutzungsszenarien neue Märkte avisiert und nicht die bereits vorhandenen zusätzlich bespielt werden würden.

„Weniger ist mehr" – Frequenz runter, **6**
Konsistenz rauf

Aus der Analyse und Bewertung der Erkenntnisse der vorangegangenen Ausführungen ergibt sich eine weitere Alternative. Auch hier muss die gedruckte Tageszeitung als Produktprinzip abgeschafft und durch überlegenere, weil markt- und kundengerechte, Konzepte ersetzt werden. Das Gute dabei: Die Kosten sinken, das Marktpotenzial steigt. Das Anstrengende dabei: Paradigmen und Organisationsprinzipien müssen fallen gelassen und durch bessere ersetzt werden.

Das sinkende Zeitbudget der Kunden und die veränderten Konsumgewohnheiten stehen immer mehr dem (An)Gebot entgegen, jeden Tag rund 20 bis 30 min (am Morgen) eine Zeitung lesen zu müssen. Dieses Gebot wird mit der gedruckten Tageszeitung jeden Morgen mit in den Briefkasten geliefert. Der Zwang zur sofortigen Nutzung liegt darin begründet, dass die Nachrichten der Zeitung eigentlich schon am Morgen veraltet sind, am Nachmittag oder Abend ihren Neuigkeitscharakter praktisch vollständig verloren haben. Die Lektüre der Zeitung verlangt überdies einen solchen Zeitraum am Anfang des Tages, wenn der Kunde das Produkt denn auch wirklich ausnutzen möchte. Da den meisten Lesern aber diese Zeit fehlt, wird die Lesedauer am Morgen immer weiter heruntergeschraubt. Die Zeitung wird vielleicht durchgeblättert, überflogen, ein paar Geschichten angelesen, einige quergelesen. Am Ende bleibt der sich verfestigende Eindruck, für diesen kurzen Konsum ziemlich viel Geld zu bezahlen. Das Nutzenempfinden, das mit der „richtigen" Zeitungslektüre verbunden ist, kann sich nicht entfalten, die Zahlungsbereitschaft für das kaum genutzte Produkt sinkt, die Bindungskraft zwischen Produkt und Kunde ebenso, weil sich durch Zeitmangel und die unpassende Form des Produkts zu den geänderten Mediennutzungsgewohnheiten langsam aber sicher und regelmäßig eine kleine Produktenttäuschung an die nächste reiht. Folgen sind die allseits zu beobachtenden Rückgänge in Abonnentenzahlen und Auflagen und weitgehend erfolglose

© Springer Fachmedien Wiesbaden GmbH 2017
A. Moring, _Zeitungsverlage zu neuem Wachstum führen_,
DOI 10.1007/978-3-658-15569-8_6

Kündigerrückgewinnungen in der mittel- und langfristigen Betrachtung. Auch im weiteren Verlauf des Tages kann die gedruckte Zeitung keinen Boden gut machen, da dort andere Kommunikations- und Informationskanäle mit besseren Leistungsmerkmalen von den Menschen genutzt werden, diese auch noch einfacher und schneller zu bedienen sind und am Nachmittag und Abend Fernsehen, Streaming und Social Media fast das gesamte Zeitbudget für Medienkonsum auf sich vereinen.

Erscheinungsintervalle anpassen und journalistische Qualität sichern
Dabei ist für das Lesen von gedruckten Medien in anderer Perspektive ein recht großes Zeitbudget vorhanden. Nur nicht auf täglich festgelegter Basis, sondern sozusagen analog on demand über die Woche verteilt. Die steigenden Gesamt-Auflagenzahlen und Titelzahlen im Magazin- und Zeitschriftenbereich belegen das, ebenso die stabilen und sogar steigenden Auflagen und Abozahlen bei Wochenzeitungen wie Die Zeit oder den Wochenend- und Sonntagszeitungen (vgl. Auflagen-, Reichweiten- und Verkaufsstatistiken bei BDZV, VDZ, IVW, Nielsen u. a.). Diese Erscheinungsintervalle kommen der veränderten Mediennutzung und Zeitverteilung entgegen. Bestimmend ist hier der Trend zur Entscheidungsfreiheit und möglichst großen Alternativenauswahl im Medienkonsum. Nicht täglich erscheinende Titel geben diese Freiheit; sie können zu verschiedenen Zeiten und in den für den Kunden individuell passenden Momenten genutzt werden, liegen dann eine Zeit lang ohne Nutzung brach, können wieder mehr oder weniger lang konsumiert werden und bieten dem Kunden ein echtes Nutzenerlebnis, da sie nicht den Anspruch der Tagesaktualität erfüllen müssen und gleichzeitig in einem sehr großen Umfang auch wirklich ausgenutzt werden. Die Effekte sind nicht nur eine starke Kundenbindung, sondern auch Neukundengewinnung, die Überzeugung von Nicht-Lesern, ein analoges und sehr traditionelles Produktformat zu kaufen und das zudem noch verbunden mit einer relativ hohen Zahlungsbereitschaft für das Produkt, sogar in einer Langzeitverpflichtung als Abonnement. Die gedruckte Tageszeitung sollte also ihre Erscheinungsintervalle aus Gründen der Kundenpräferenzen als auch aus Gründen der geänderten Mediennutzungsgewohnheiten im klassischen Printsegment umstellen auf zwei bis drei Erscheinungstage in der Woche. Die bestehenden Abokunden im Printgeschäft müssen dann eine Kompensation für den „Verlust" ihrer täglichen Druckausgabe bekommen. Denkbar und sinnvoll ist hier beispielsweise die Option, diesen Kunden Zugang zu allen digitalen Angeboten des Verlages zu geben und ihnen ein Tabletgerät, im Gesamt-Abopreis enthalten oder kostenlos, dazu zu geben.

Die eben beschriebene Bindungs- und Überzeugungswirkung und die Zahlungsbereitschaft von Kunden sind dabei aber nicht nur das Resultat der Passung von Erscheinungsrhythmus und Zeitbudget der Mediennutzer. Entscheidend ist ebenso ein Nutzenempfinden des Kunden durch ein dauerhaftes Nutzenerlebnis, indem die Qualitätserwartungen des Kunden erfüllt werden, beziehungsweise das Qualitätsversprechen der Marke wiederholt und verlässlich erfüllt wird und die handwerkliche Qualität in Journalismus und Optik für ein relativ teures Produkt auch höchstes Niveau erfüllen kann. Dieser Aspekt hatte bei einem schnell konsumierten täglichen Wegwerfprodukt keine besondere Bedeutung (siehe Kap. 5), gewinnt bei Produkten mit einer relativen Langlebigkeit nun aber enorm an Gewicht. Hierin liegt ein Grund, warum nur eine der beiden strategischen Alternativen realistisch und Erfolg versprechend gewählt werden kann.

Der Anspruch der politischen und gesellschaftlichen Relevanz und der Kundennähe, sowie einer hohen inhaltlichen Qualität wird von gedruckten Tageszeitungen in der absoluten Mehrheit nicht in der Realität erfüllt. Tageszeitungen sind in ihrer Fülle und ihrer Gestaltung heute im Vergleich zu den Kundenerwartungen an ein schnelles Nachrichtenmedium zum Verbrauch und Wegwerfen überoptimiert. Gleichzeitig können Redaktionen mit den begrenzten Kapazitäten aufgrund des in Kap. 3 beschriebenen Kostendrucks die nach außen verlautbaren Ansprüche an einen sogenannten inhaltlich hochwertigen „Qualitätsjournalismus" im täglichen Geschäft nicht erfüllen. Es fehlt aufgrund der täglichen Produktionstaktung, dünnen Personaldecke und crossmedialen Produktionsaufgaben schlicht und einfach die Zeit, um Geschichten so tief und eingehend wie möglich und für das gegebene Qualitätsversprechen auch nötig zu recherchieren. Es fehlt die Zeit und es fehlt der Platz, um Geschichten und Zusammenhänge journalistisch und gestalterisch hochwertig zu beschreiben und einzuordnen, um Orientierung und Hilfe zu geben, wie es doch zumindest in Werbe- und Imagekampagnen versprochen wird. Die Umfänge von Tageszeitungen sind, wie anfangs beschrieben, in den vergangenen Jahren deutlich zurückgegangen, da die jahrzehntelang gewohnten Umfänge nicht mehr durch Werbegelder im Printgeschäft finanzierbar sind. Gleichzeitig sind die Vertriebspreise stark erhöht worden. Es fehlen Zeit und Kapazitäten, um sich als Zeitungsmarke und Redaktion ernsthaft mit den politischen und gesellschaftlichen Belangen der eigenen Kunden und der lokalen oder regionalen Gemeinschaft auseinanderzusetzen und den Anspruch als relevante „Vierte Gewalt" auch wirklich erfüllen zu können. Nicht selten fehlt es auch schlicht und einfach an guten Themen und Geschichten, weil nicht jeden Tag mehrere wirklich relevante Dinge passieren können. Stattdessen wird Material aus Agenturen oder aus großen (eigenen und fremden) Zentralredaktionen verwertet und minimal angepasst, zum allergrößten Teil Chronisten- und Verlautbarungsjournalismus in den täglichen Ausgaben geboten, den andere digitale Medien und Plattformen aber viel schneller, billiger, bequemer und direkter bieten. Aufwendige Geschichten und Darstellungen werden dann für die wertvollen Wochenendausgaben reserviert und können schon heute zumeist nur einmal in der Woche realisiert werden.

Diese Erkenntnis hat sich bei den Kunden bereits zum größten Teil eingestellt. Das öffentlich und nachdrücklich gegebene Versprechen der Zeitungsmarke, Hilfe, Orientierung, Verlässlichkeit, handwerklich-journalistische Qualität und Identität und Identifikation mit ihren Ausgaben bieten zu wollen, wird nicht eingehalten. Potenzielle Kunden lassen sich, wenn überhaupt, nur zu sporadischen Einzelkäufen des Printprodukts hinreißen und Bestandskunden verlieren zunehmend und immer rasanter das Gefühl, das Produkt und die Marke ihrer Tageszeitung zu brauchen und mit ihr verbunden zu sein. Wer also den Anspruch an Relevanz und Qualität auch wirklich erfüllen will, kommt nicht umhin, die tägliche Erscheinungsweise der gedruckten Zeitung hinter sich zu lassen und stattdessen zwei bis drei Ausgaben pro Woche anzubieten, die ihr Markenversprechen auch einhalten können.

Denn hierin liegt der eigentliche Vorteil, das Unterscheidungsmerkmal oder der USP der gedruckten Zeitung nach diesem Modell. Die tägliche gedruckte Zeitung versucht aktuell mit Kriterien im Wettbewerb zu punkten, die entweder für den Kunden im täglichen Konsum irrelevant sind (relative Fülle bezogen auf das knappe Zeitbudget am Morgen, Allgemeinheitsanspruch, aufwendige und anspruchsvolle zugleich schwierig zu verarbeitende optische Gestaltung) oder in denen sie digitalen Alternativen klar unterlegen ist (Aktualität, Responsivität, Bequemlichkeit, Verfügbarkeit, Formbarkeit).

> Mit zwei bis drei Erscheinungstagen pro Woche als Printprodukt kann die Zeitung wirklich wettbewerbsrelevante Kriterien am besten erfüllen, die digitale Alternativen so nicht bieten können: Handwerkliche, journalistische Qualität, Einordnung und Orientierung von Ereignissen und Zusammenhängen, eigene Meinung und Interessenvertretung ihrer Leser und Kunden, Glaubwürdigkeit, Integrität und daraus resultierend und darauf aufbauend ein klares und eindeutiges Markenimage, das zu einem analogen, materiellen und traditionellen Gut sehr passt. (Integrität: Gerade in Zeiten der „Lügenpresse"-Vorwürfe gesamtgesellschaftlich, aber auch marketingstrategisch wichtige und vorteilhafte Charakteristika.)

Das aktuelle Informations- und Nachrichtengeschäft, dem die heutigen gedruckten Tageszeitungen sich immer noch verpflichtet fühlen, dies aber nicht mehr entsprechend den Markt- und Kundenerwartungen zu bewerkstelligen in der

Lage sind, ist dann konsequenterweise ein rein digitales Geschäft in Produktion, Kommunikation und Vermarktung. Das bedeutet, dass Online- und Printaktivitäten vor allem in der journalistischen Produktion, also der Redaktion, getrennt werden müssen. Denn: Die Überschneidung von Print- und Onlinelesern liegt bei deutschen Tageszeitungen im Schnitt lediglich zwischen acht und zwölf Prozent, Tendenz weiter fallend, da Printnutzer aus Altersgründen und wegen der Adaption neuen Nutzungsverhaltens weniger werden und praktisch keine jüngeren Nachkommen und diese sich, wenn überhaupt, nur mit den digitalen Angeboten der Zeitungsmarke befassen. Unterschiedliche Produkte für unterschiedliche Kunden, unterschiedliche Nutzungsszenarien, unterschiedliche Kundenerwartungen und noch dazu mit sehr unterschiedlichen, charakteristischen und wettbewerbsrelevanten spezifischen Merkmalen müssen in unterschiedlichen Organisationen erstellt und redaktionell vermarktet werden. Die werbliche Vermarktung kann dagegen zentral erfolgen, um Kunden die passenden Kombinationen für deren Ziele und Zielgruppen anbieten zu können und die Vertriebskosten über Verbundeffekte gering zu halten. Eine Trennung im Werbevertrieb ist nur sinnvoll, wenn das Medienunternehmen die bewusste Strategie wählt, unterschiedliche Geschäftsbereiche dem internen Wettbewerb auszusetzen und sich gegebenenfalls selbst zu kannibalisieren, was durchaus mittel- und langfristig erfolgreicher, als der integrierte Ansatz sein kann.

Inhalte kundengerecht aufbereiten statt Massenproduktion im Newsroom
Wird allerdings wie aktuell vorherrschend der Versuch gemacht, redaktionell alle vorhandenen und potenziellen Kunden aus einer Organisation heraus mit Angeboten zu bedienen, wird immer mindestens ein Geschäftsbereich zu kurz kommen oder es werden beide Bereiche darunter mittel- und langfristig leiden. Das ist die aktuelle Situation im deutschen Zeitungsmarkt: Printprodukt und digitale Aktivitäten sind redaktionell inhaltlich und vermarkterisch weitgehend synchronisiert, sie werden zumeist in einer Organisation (Newsroom, Zentraldesk) produziert, speisen sich aus denselben Produktionsquellen (sogenannte Crossmedia-Redakteure). Es ist hier schon in der Inhalteproduktion nicht eindeutig definiert, was für ein Angebot mit welchem Nutzen und welchen Leistungsmerkmalen für welche Kunden eigentlich gemacht werden soll. Zunächst wird ein „Contentpool" gebildet, aus dem heraus dann die einzelnen „Kanäle" (dabei sind die Kunden entscheidend, nicht der Kanal!) von Redakteuren, denen unterstellt wird, alle Formen des modernen, digitalen Journalismus gleich gut zu beherrschen, „bespielt" werden. Allerdings sind die Herangehens- und Produktionsweisen beispielsweise bei Geschichten für eine gedruckte Zeitung sehr verschieden von denen für Geschichten, die über Facebook oder Messenger oder per Video kommuniziert

werden sollen. Insofern werden Inhalte lediglich an die verschiedenen Plattformen, auf denen sie veröffentlicht werden, angepasst beziehungsweise zurecht gebogen und können dann die Erwartungen der Kunden am Ende der verschiedenen „Kanäle" eher unzureichend erfüllen. In einem Wettbewerbsumfeld, das durch ein Informationsüberangebot und extrem niedrige Zahlungsbereitschaften geprägt ist, ist es aber notwendig von vornherein passend produzierte Inhalte und Services anbieten zu können, die sich von der Vielzahl der anderen Alternativen wirklich unterscheiden (siehe hierzu Kap. 4 mit den Ausführungen zu den „New Economics of Media").

Das kann durch eine integrierte Newsroom-Produktion bei Zeitungsmarken nicht erreicht werden. Hierin ist der Grund für das eher schlechte Niveau beispielsweise der Social-Media-Aktivitäten von Zeitungen im Vergleich zu denen von TV oder Radio zu sehen (Moring 2015). Je größer der Unterschied zwischen originärem Mediengeschäft und Online-/Social-Media-Geschäft, desto schlechter die Online-Performance. Bei Tageszeitungen ist der Unterschied zwischen analogem Produkt und seiner Produktionsweise und digitalen News- und Unterhaltungsprodukten viel größer, als bei TV und Radio. Während Newsrooms gute und passende Konzepte für die Unternehmenskommunikation und die crossmediale Vermarktung von originären TV-Angeboten sind, sind sie für originäre Printmarken und deren Unternehmen klar negativ in ihren Auswirkungen. Der angestrebte Effizienz- und Kostenvorteil, der mit Newsrooms bei Zeitungen verbunden wird, wird damit mittelfristig und langfristig negativ überkompensiert. Die Qualität des Printprodukts leidet und enttäuscht immer mehr Leser und Abonnenten, gleichzeitig gelingt es im digitalen Bereich aus den zuvor genannten Gründen nicht, das Marktpotenzial auszuschöpfen und so ein attraktives und gewinnträchtiges Geschäft aufzubauen. Zudem wird verhindert, dass sich Printbereich als auch Onlineaktivitäten auf ihren Märkten und mit ihren Kunden entwickeln, da der eine Bereich immer die Zusammenhänge und Zwänge des anderen von vornherein mitbedenken muss, dadurch von vornherein beschränkt ist und sich nicht frei und schnell genug an veränderte Marktbedingungen adaptieren kann. In einem digitalen Markt, der durch den Zwang zur Agilität und Geschwindigkeit geprägt ist, bedeutet das auch einen existenzbedrohenden Wettbewerbsnachteil.

Das gilt auch für die darüber stehenden Marktphilosophien und Unternehmenskulturen. Die Kultur eines materiellen Massenprodukt herstellenden Unternehmens mit den entsprechenden Kunden, die dieses Produkt schätzen und sich daran binden, ist zwangsläufig anders, als die Kultur eines Unternehmens, das mit immateriellen Produkten und in erster Linie dazugehörigen Dienstleistungen für seine jeweiligen Kunden Geld verdienen muss und will. Das Ziel, durch eine vereinheitlichte und gleichgeschaltete Produktion auch eine gemeinsame Kultur zu erzwingen, behindert wiederum beide Bereiche im Entfalten und Leben einer Kultur, die für den Erfolg im Markt und Glaubwürdigkeit und Attraktivität bei den jeweiligen Kunden unabdingbar ist. Im zumindest kurzfristig günstigen Falle wird das klassische Printgeschäft als der noch weitaus größere Erlösbringer wie gehabt konserviert und gehegt und gepflegt, während sich die Digitalaktivitäten weder journalistisch noch wirtschaftlich erfolgreich entwickeln. Im ungünstigen Fall sind weder Printbereich noch Digitalbereich mit ihren Produkten und Leistungen in der Lage, die Kundenerwartungen zu erfüllen und das Marktpotenzial in ihren Märkten auszuschöpfen und nachhaltig tragfähige Geschäftsmodelle zu etablieren und die Gesamtentwicklung ist damit zwangsläufig und selbst verschuldet negativ.

Um dieses Dilemma zu umgehen, müssen Digitales und Analoges getrennt organisiert sein und autark agieren können. Das gilt wie gerade ausgeführt und belegt vor allem im redaktionellen Bereich. Die Kundenerwartungen an analoge und digitale Informations- und Nachrichtenprodukte sind sehr unterschiedlich, die Nutzungsgewohnheiten und Nutzungsumstände sind sehr unterschiedlich, die Wertesysteme von Kunden und Wettbewerbern sind zwischen analogen und digitalen Märkten unterschiedlich, die wettbewerbsrelevanten Kriterien sind unterschiedlich, die Produktions- und Wertschöpfungsketten sind unterschiedlich, die Vermarktungs- und Verkaufsregeln sind in analogen (standardisierte Massenprodukte) und in digitalen Märkten (individualisierte Produkte, connected Consumption) unterschiedlich, ja sogar in weiten Teilen gegensätzlich. Unterschiedliche Produkte und Angebote auf unterschiedlichen Märkten können ihre jeweiligen Stärken nur ausspielen, wenn sie auch von Organisationen erstellt und vermarktet werden, die sich auf diesen Markt konzentrieren und ihn kennen. Nur dann ist es möglich, das vorhandene Kundenpotenzial auszuschöpfen und in beiden Bereichen ökonomisch letztlich wirklich erfolgreich zu agieren.

Digital und analog getrennt organisieren
Während also im klassischen Printbereich das Prinzip des analogen Verbundproduktes gestärkt werden muss, muss es im digitalen Bereich genau gegensätzlich orientiert aufgelöst werden. In digitalen Märkten mit plastischen, formbaren und veränderbaren Produkten liegt die Gegenwart und Zukunft im bewussten Zerstören des geschlossenen Gesamtproduktes „Zeitung". Auch hier widersprechen sich Produktions- und Vermarktungsprinzipien im Analogen und im Digitalen. Während im analogen Markt eine Zahlungsbereitschaft gerade in den Produktmerkmalen Geschlossenheit, Allgemeinheit und Langlebigkeit begründet liegt, so liegt die Zahlungsbereitschaft im digitalen Bereich in der prinzipiellen Offenheit und Vielfältigkeit (nicht Geschlossenheit), der individuellen Passung (nicht

Allgemeinheit) und Geschwindigkeit (nicht Langlebigkeit) begründet. Auch hier wird eindeutig klar, dass diese unterschiedlichen Ansprüche nicht aus ein und derselben Produktion und Organisation heraus erfüllt werden können – zumal, wenn der Erscheinungsrhythmus des gedruckten Produktes deutlich verlangsamt werden wird.

Des Weiteren ist die Zahlungsbereitschaft im digitalen Geschäft im Vergleich zum analogen extrem niedrig, wenn es um Euro und Cent geht. Sie ist in anderen „Währungen" für eine indirekte Monetarisierung jedoch deutlich höher. Über Paid Content wird bei Zeitungsverlagen schon so lange philosophiert wie diese Verlage online präsent und aktiv sind. Seit mehr als einem Jahrzehnt wird die angeblich passende und perfekte „Paywall" gesucht, von Tagespässen über Onlineabos, Freemium- und Metered-Modellen bis hin zum Einzelkauf von Artikeln. Der Erfolg ist überschaubar. Hier kommen nicht die Erlöse zusammen, die notwendig wären, die Onlineaktivitäten aus sich selbst heraus zu finanzieren. Das wird in Zukunft mit dieser Art Bezahlmodell auch nicht anders werden. Die Einführung von Bezahlschranken ist in den vergangenen Jahren sehr schleppend vorangegangen. Ein klares Zeichen dafür, dass dieses Modell nicht erfolgreich ist und ökonomisch nicht ausreichend gut funktioniert. Wäre es sinnvoll und funktionierend, so hätten in Deutschland und auch weltweit Zeitungen und andere Medien die „Paywalls" hochgezogen, weil sie hier (endlich) die lang ersehnten nennenswerten Onlineerlöse hätten generieren können. Haben sie aber nicht – trotz vieler Ankündigungen und der angeblichen Alternativlosigkeit zu dieser Maßnahme.

Dabei stimmt das mit der Alternativlosigkeit auch gar nicht. Vielmehr scheinen die über Jahrzehnte geprägten Modalitäten und Gewohnheiten der Monetarisierung im analogen Geschäft den Blick durch das Verständnis auf Gesetzmäßigkeiten und Regeln der Monetarisierung im digitalen Markt zu verstellen. Menschen haben nämlich in vielen anderen Bereichen und in vielen anderen Formen kein Problem damit, online für Content und Services zu bezahlen. Dabei kommt es darauf an, dass das Angebot die Stärken und Besonderheiten eines digitalen Gutes ausspielt und gleichzeitig darauf, in welcher Währung abgerechnet wird. Sprich: Was von dem exklusiven Besitz des Nachfragers an den Anbieter einer Leistung für dessen Konsum abgegeben wird. Eine Währung in der sich viele, vor allem die großen und erfolgreichen, Onlineunternehmen bezahlen lassen, sind die Daten der Kunden. Sowohl direkt über Registrierungen und Aktualisierungen, als auch indirekt über die Auswertung von Daten und Metadaten aus dem Nutzerverhalten. Diese Daten werden dann in einem zweiten oder auch erst dritten oder vierten Schritt monetarisiert und zu Erlösen in Euro, Dollars, Pfund etc. durch zielgenaue und personalisierte Werbung, personalisierte Services oder direkt auf den Kunden, die Situation und die (wahrscheinlichen)

Bedürfnisse zugeschnittene Produktangebote. Dieser Aspekt wird an späterer Stelle in diesem Kapitel noch einmal auftauchen, wenn es um die besondere Wichtigkeit und Erfolgsrelevanz von einem professionellen Customer Relationship Management in Verlagen gehen wird. Aus Kundendaten entstehen geldwerte Erkenntnisse, welche eigenen und fremden Angebote an diesen Kunden auch verkauft oder vermittelt werden müssen.

Schon aus diesen im Grunde ganz pragmatischen Prinzipien in Produktion und Distribution ist also eine Trennung zwischen analogem und digitalem Bereich notwendig – und auch machbar. Denn die täglichen Onlineangebote und das Printangebot an zwei bis drei Tagen zielen auf unterschiedliche Märkte ab. Und auch aus zukunftsorientierten und wettbewerbsstrategischen Gründen ist die Schaffung von eher kleineren und flexiblen Einheiten für die jeweiligen Märkte notwendig. Je kleiner und unabhängiger die Strukturen, desto höher ist im Allgemeinen die Innovationskraft und Innovationsgeschwindigkeit. Im regionalen und lokalen Bereich sind kleine und kleinste journalistische Einheiten, bis hin zum kompletten Verzicht auf feste Redaktionen für Onlinepublishing mittelfristig sowohl aus Kosten-Erlös-Überlegungen als auch aus journalistischen Überlegungen heraus die sinnvollste Option. Anders lässt sich Onlinejournalismus im lokalen und regionalen Bereich nicht wirtschaftlich betreiben, hier gilt „small is beautiful", und nur gänzlich freie Reporter ohne feste Basis und festgelegte Redaktionsabläufe und Strukturen können schnell, direkt und dialogisch Nachrichten und Geschichten für verschiedene digitale Plattformen und Produkte (zugleich) produzieren. Hier ist es auch denkbar und perspektivisch sinnvoll, dass diese einzelnen Journalisten ihre Inhalte auch für zunächst einzelne Auftritte produzieren, also faktisch Blogs führen, die dann unter dem Markendach der Zeitung und über eine entsprechende eigene Plattform aggregiert und individualisiert gefiltert und passend immer wieder neu zusammengesetzt werden.

> Gerade im digitalen Bereich mit disruptiven Entwicklungen, die sich über Plattforminnovationen noch beschleunigen werden, ist die Trennung zwischen Print und Online und die jeweils passende (Un-) Organisation eine Frage der Überlebensfähigkeit von Unternehmensbereichen oder gleich der gesamten Unternehmen.

Die Realität zeigt auch und gerade bei Medienunternehmen, dass die eher kleinen und (weitgehend) unabhängig agierenden Akteure vor allem im digitalen Bereich deutlich innovativer und erfolgreicher sind. In großen und sogenannten integrierten Strukturen finden sich keine wirklichen Innovationen und der digitale Bereich wird zugunsten des klassischen analogen Bereichs ausgebremst und wird eher als Zusatzgeschäft betrachtet, wobei der analoge nur deshalb noch betriebswirtschaftlich gut funktioniert, weil er über Zukäufe und Fusionen stabil gehalten wird. Zudem sind solche Unternehmen und Strukturen auch nicht attraktiv für den digitalen Nachwuchs, der für die Entwicklung technisch wie konzeptionell marktfähiger Produkte, Innovationskraft, wettbewerbsfähige Geschäftsmodelle und eine erfolgreiche Vermarktung und Kundenbindung gebraucht wird.

Erfolgreiche Vermarktung und Kundenbindung definiert sich im Medienbereich durch den nachhaltigen Aufbau von (Gesamt-)Reichweite und vor allem stabilen Kundenbeziehungen für die Werbevermarktung und die Überzeugung von Kunden für eine langfristige und ebenfalls nachhaltige Zahlungsverpflichtung am besten im Abonnement. Das gelingt, wenn die richtigen Leistungsversprechen gegeben und auch eingehalten werden, wie bereits zuvor mehrfach dargestellt. Um Menschen von digitalen News- und Informationsangeboten zu überzeugen und sie zu binden, sind Formbarkeit, Anpassbarkeit, Bequemlichkeit, Individualisierbarkeit und Systemkompatibilität die entscheidenden Kriterien.

Entscheidend ist eine überlegene, stabile und zielgenaue Technologie als Basis für den angebotenen Service. Hinzu muss die Nutzerführung möglichst intuitiv und simpel sein. Je materieller Produkte und Anwendungssysteme sind, desto schwieriger sind sie zu bedienen. Zeitung lesen oder Fernsehen schauen beispielsweise muss man tatsächlich zu einem gewissen Grade erlernen. Kunden müssen in digitalen Medienmärkten in der Lage sein, das Produkt nach ihren persönlichen Prämissen zu gestalten und es bei Bedarf anpassen zu können. Das ist bei analogen Produkten natürlicherweise so gut wie unmöglich. Der Service sollte auf allen Plattformen und Betriebssystemen und Geräten für einen Kunden zugleich verfügbar sein. Alle diese Kriterien kann die Tageszeitung in ihrer heutigen Form, egal ob analog oder digital, nicht erfüllen. Individualisierungen sind nicht möglich, eine Auswahl aus verschiedenen Services jenseits des reinen Inhalts, die flexibel an Bedarfe angepasst werden könnten, gibt es zumeist nicht, der Zugang zu bezahlpflichtigen Inhalten ist alles andere als bequem (Paywalls mit umständlicher Einzelanmeldung, keine Anbieter übergreifenden Bezahlsysteme, Tagespässe, Print-Abonnenten-Anmeldungen) und die einzelnen Angebote sind meist voneinander getrennt. Notwendig wäre hier beispielsweise, dass ein Kunde mit einem Zugang auch die Nutzungsmöglichkeit zu seinen Inhalten in allen vorhandenen Formen und Zuständen über alle Trägermedien bekommt. Solche personalisierten Angebote lassen sich nicht durch die vorhandenen integrierten Print-Online-Strukturen erstellen, da sie der traditionellen Logik des Massengeschäfts widersprechen. Zudem müssen die eigenen Angebote geöffnet werden, um einer größtmöglichen Zahl an Nutzern, ihre individuell passenden

Angebote machen zu können. Dem steht ebenfalls das traditionelle Paradigma des „Gebietsschutzes", gewachsen durch die Materialität des Produktes und die monopolisierten Zeitungsmärkte, entgegen. Notwendig ist hier Kooperation und Offenheit gegenüber allen Produzenten von Inhalten auf einer Plattform, wobei die Einnahmen aus der Vermarktung auf die beteiligten Kooperationspartner verteilt werden müssen. Hier trifft sich dieses Prinzip mit der Notwendigkeit, wie bereits beschrieben, im Onlinepublishing traditionelle Redaktionsstrukturen zugunsten von vielen einzelnen freien Reportern, Journalisten und Inhalteproduzenten zu ersetzen. Für traditionelle Zeitungsverlage besteht hierdurch auch keine wirkliche Gefahr: In ihrem Bereich der lokalen und regionalen Nachrichten sind sie der momentan jeweils größte Anbieter, sie könnten das digitale Angebot durch die Einbindung anderer Content-Lieferanten und Serviceanbieter aber für Kunden viel interessanter und damit reichweitenstärker, attraktiver und bindungsstärker machen. Hinzu kommt die Notwendigkeit von zugehörigen Dienstleistungen, die entweder durch Menschen oder automatisch geboten werden müssen. Nicht allein das (Informations-)Produkt ist für innovative Geschäftsmodelle und deren Markterfolg entscheidend. Vielmehr geben eine starke Vernetzung und Kooperation mit verschiedenen Partnern und der eigentlichen Produkterstellung und dem Produktverkauf nachgelagerte und zusätzliche Dienstleistungen und Garantien für den Kunden den Ausschlag für den Markterfolg. Auch das widerspricht der traditionellen und analogen Sicht in Marketing und Kundenbindung, es komme auf ein möglichst hochwertiges und journalistisch optimales Printprodukt an, um Menschen zu Kauf und Treue verpflichten zu können – was wiederum ein getrenntes und unabhängiges Agieren notwendig macht.

Nur wenn alle zuvor genannten digitalen Qualitätskriterien erfüllt sind, werden Menschen bereit sein, sich an die Marke zu binden, die diese in ihrem Angebot erfüllen kann. Die journalistische Qualität des Inhalts ist in diesem Zusammenhang für die erfolgreiche Vermarktung, Markenbindung und den Aufbau eines funktionierenden digitalen Geschäfts nur eine nachgelagerte und eben keine wettbewerbs- und entscheidungsrelevante Größe.

Im Geschäft mit der zwei bis drei Mal wöchentlich erscheinenden gedruckten Zeitung ist das wiederum genau anders zu sehen. Hier bildet die inhaltliche Qualität eines der entscheidenden Kriterien für den Kauf und auch das Abonnement. Es gelten die klassischen Abogründe aus der „guten alten Zeit": Übersicht, Einordnung, Entspannung, Entschleunigung und sozialer Status durch Teilhabe an relevanter und verlässlicher Information und Debatte im eigenen gesellschaftlichen Umfeld. Hierfür ist es notwendig, die zugehörige Organisation auch auf die Erfüllung dieser Kriterien und Versprechen auszurichten und zu verpflichten.

Erfolgsfaktor Customer Relationship Management: der Kunde im Mittelpunkt

In der (Leser-)Vermarktung gegenüber Privatkunden muss aus diesen Gründen auf eine saubere Trennung der Kommunikation geachtet werden. Zwar treten alle Angebote am Ende unter einer Marke auf, aber die jeweiligen Markenbotschaften sind für die unterschiedlichen Märkte auch in der Gewichtung ihrer Inhalte unterschiedlich. Hier kommt einem professionellen Customer Relationship Management eine Schlüsselstellung zu, wenn es darum geht, die gewonnenen Kunden auf unterschiedlichen Märkten am Ende an ein und dieselbe Marke zu binden. Eine Herausforderung, die den meisten Unternehmen in ihrer Dimension noch gar nicht bewusst sein kann, da die vorherrschende Philosophie sich auf das Credo „Alles aus einer Hand" fokussiert.

Customer Relationship Management ist der strategische Ansatz, der zur vollständigen Planung, Steuerung und Durchführung aller interaktiven Prozesse mit den Kunden genutzt wird. Customer Relationship Management umfasst prinzipiell das gesamte Unternehmen in seinen Gliederungen und betrachtet den gesamten Kundenlebenszyklus. Es beinhaltet vor allem das sogenannte Database Marketing und entsprechende CRM-Software als Steuerungsinstrument (vgl. u. a. Bruhn 2016; Hütter 2016; Homburg 2015; Gabler Wirtschaftslexikon 2015). Damit ist Customer Relationship Management in Zeiten von „Big Data" und den entsprechenden Auswertungsmöglichkeiten ein mächtiges Instrument. Insbesondere bei Medienunternehmen, die mit ihren Produkten und Angeboten täglich oder sogar mehrmals täglich in Kundenkontakt und Kundendialog kommen, wobei immer Daten entstehen.

Customer Relationship Management stellt also kein isoliertes Instrument dar, sondern muss als Unternehmensphilosophie in die Prozesse des Unternehmens einfließen, um eine konsequente Kundenorientierung zu erreichen. Hier ist besonders der bereits beschriebene Punkt zu beachten, dass Medienunternehmen und Zeitungen zwar zunächst journalistisch Inhalte produzieren, diese aber in verschiedenen Produkten an unterschiedliche Kunden mit unterschiedlichen Bedürfnissen, Gewohnheiten und Interessen über verschiedene Kanäle vertreiben. Es gibt also die eine Geschichte oder die eine Nachricht – aber die Kunden dafür sind sehr, teils sogar extrem unterschiedlich. Eine wichtige Erkenntnis, die sowohl im Marketing als auch in Redaktionen von Regionalzeitungen in Deutschland keinesfalls akzeptiert und verinnerlicht ist. Ein weiteres Argument dafür übrigens, die auf Vereinheitlichung ausgerichtete Newsroom-Organisation zugunsten von unabhängigen Einheiten für unterschiedliche Produkte für unterschiedliche Kunden zu überwinden. Die Implementierung von passenden CRM-Software-Tools ist dafür ein wichtiges Instrument zur Sicherstellung einer optimalen Gesamtwirkung.

Im Customer Relationship Management steht konsequent der Kunde im Mittelpunkt. Es geht nicht länger nach der alten analogen Industrielogik darum, bestimmte von der Druckmaschine in Massen ausgespuckte Produkte möglichst vielen Kunden zu verkaufen und Marktanteile beziehungsweise Reichweite zu maximieren. Das Ziel besteht im crossmedialen Markt für Inhalte, Dienstleistungen und Formate darin, einem bestimmten Kunden möglichst viele Angebote zu verkaufen. Der Kunde mit seinem bisherigen Kaufverhalten und seinen Präferenzen muss dafür durch eine Kundendatenbank bekannt sein, sodass man ihm ein optimales Angebot machen kann. Hier treffen wir wieder auf den Erfolgsfaktor in digitalen (Medien-)Märkten aus Kap. 5: Qualität definiert sich über eine möglichst hohe und im besten Falle optimale Passgenauigkeit zu den Kundeninteressen und Kundenbedürfnissen.

Anzustreben sind also andauernde Kundenbeziehungen als Voraussetzung für eine langfristige Kundenbindung, die in erster Linie natürlich zur Steigerung des Gewinns, des Marktanteils und des Unternehmenswachstums beitragen sollen, beispielsweise durch eine verringerte Preissensitivität der gebundenen Kunden, Weiterempfehlungen, Wiederholungs- und Folgekäufe, Cross- und Upselling oder Kosteneinsparungen durch gesunkene Marketingkosten. Kundenbindung ist billiger als Kundengewinnung. Der Fokus der Kundenbearbeitung sollte logischerweise auf Kunden liegen, die besonders profitabel sind. Das sind bei Zeitungen meistens die bestehenden Abonnenten. Auskunft hierüber gibt normalerweise der Wert eines Kunden, der sogenannte Customer Lifetime Value, der aber in den allermeisten Verlagen zu den eigenen Kunden und Abonnenten unbekannt ist.

Denn eine qualitative Verbesserung der Kundenbeziehung durch eine auf Mehrwert fokussierte, differenzierte Kundenbearbeitung erfordert eine ganzheitliche Abbildung des Kunden und verlangt zwingend eine spezielle CRM-Software beziehungsweise IT-Technologie. Diese gibt es unter Umständen in großen Medienkonzernen, nicht jedoch in einem durchschnittlichen Verlagshaus. Diese Technik aber ermöglicht die systematische Zusammenführung und bedarfsspezifische Bereitstellung aller kundenbezogenen Informationen im Sinn eines integrierten Informationssystems. Sie dient dazu, Kundenbearbeitungsprozesse schneller, effektiver und effizienter zu gestalten, was zu einer optimalen Relation zwischen den erzielten Umsätzen und entstandenen Kosten führt.

Auf diesem Feld können und sollten Medienunternehmen und im Speziellen Zeitungsverlage beispielsweise von Entertainmentanbietern, Telekommunikationsunternehmen, FMCG-Unternehmen oder E-Commerce-Unternehmen viele wertvolle Erfahrungen und Strategien lernen und angepasst übernehmen. Aber auch schon ein Blick auf Fernseh- oder Streamingdienste wird hier wertvolle Ansätze und Erkenntnisse liefern, ebenso wie das gute alte Radio in dieser

Hinsicht das beste Know-how und die beste Praxis in Bezug auf Markenführung, Kundenbindung, Innovationsfreude und Monetarisierung vorweisen kann.

Literatur

Bruhn M (2016) Relationship Marketing: Das Management von Kundenbeziehungen. Vahlen, München

Gabler Wirtschaftslexikon: Stichwort Customer Relationship Management CRM (2015). http://wirtschaftslexikon.gabler.de/Archiv/5072/customer-relationship-management-crm-v10.html. Zugegriffen: 21. Aug. 2016

Homburg C (Hrsg) (2015) Kundenzufriedenheit: Konzepte – Methoden – Erfahrungen. Springer Gabler, Wiesbaden

Hütter M (2016) Marketinginnovationen: Empirische Studien zu Erfolgswirkung und Treibern (Beiträge zur empirischen Marketing- und Vertriebsforschung). Springer Gabler, Wiesbaden

Moring A (2015) State of Social Media Address. Wie nutzen Medien soziale Medien. Selbstverlag Andreas Moring, Hamburg

Weiterführende Literatur

Bernau P, Hank R, Petersdorff W von (2014) In eigener Sache, FAZ. http://www.faz.net/aktuell/wirtschaft/unternehmen/zeitungen-in-der-krise-medienwandel-und-internet-13089556.html?printPagedArticle=true#pageIndex_2. Zugegriffen: 24. Aug. 2016

Cooper B, Vlaskovits P (2013) The lean entrepreneur: how visionaries create products, innovate with new ventures, and disrupt markets. Wiley, New Jersey

Doppler K, Lauterburg C (2008) Change Management. Dem Unternehmenswandel gestalten. Campus, Frankfurt

Franken R, Franken S (2011) Integriertes Wissens- und Innovationsmanagement. Springer, Heidelberg

Franklin B (Hrsg) (2011) The future of newspapers. Routledge, New York

Herndon K (2012) The decline of the daily newspaper: how an American institution lost the online revolution. Lang, New York

Illenberger R (2013) Erfolgsfaktoren printmarkenbasierter Online-Angebote. Nomos, Baden-Baden

Jauch P (2010) Crossmedia: Möglichkeiten der Weiterentwicklung eines Tageszeitungsverlages. Diplomica, Hamburg

Korzer M (2013) Die Tageszeitung am Scheideweg: Branchenanalyse und Perspektiven deutscher Zeitungsverlage. Diplomica, Hamburg

Kramp L, Novy L, Ballwieser D, Wenzlaff K (Hrsg) (2013) Journalismus in der digitalen Moderne: Einsichten – Ansichten – Aussichten. Springer, Heidelberg

Lauer T (2010) Change Management. Grundlagen und Erfolgsfaktoren. Springer, Heidelberg

Leinonen M (2014) Melt. Lulu, Helsinki

Lobigs F, Nordheim G von (2014) Journalismus ist kein Geschäftsmodell. Aktuelle Studien zur Ökonomie und Nicht-Ökonomie des Journalismus. Nomos, Baden-Baden

Mogg A, Teichmann D, Rotter T (2012) Aufbruch in eine neue Ära – Gibt es eine digitale Renaissance des Publishings? Roland Berger strategy consultants, München

Nohr H (2011) Vom Zeitungsverlag zur News Industry : Veränderung von Wertschöpfungsstrukturen und Geschäftsmodellen. Logos Verlag, Stuttgart

Rothmann W (2013) Wahrnehmung des strategischen Handlungsspielraumes: Die verlegerische Entwicklung deutscher Qualitätstageszeitungen seit 2001. Springer, Heidelberg

Schallmo D (2013) Geschäftsmodelle erfolgreich entwickeln und implementieren. Springer, Heidelberg

Schultz C, Hölzle K (Hrsg) (2014) Motoren der Innovation. Springer, Heidelberg

Schulz S (2016) Redaktionsschluss: Die Zeit nach der Zeitung. Hanser, München

GPSR Compliance
The European Union's (EU) General Product Safety Regulation (GPSR) is a set of rules that requires consumer products to be safe and our obligations to ensure this.

If you have any concerns about our products, you can contact us on

ProductSafety@springernature.com

In case Publisher is established outside the EU, the EU authorized representative is:

Springer Nature Customer Service Center GmbH
Europaplatz 3
69115 Heidelberg, Germany

www.ingramcontent.com/pod-product-compliance
Ingram Content Group UK Ltd.
Pitfield, Milton Keynes, MK11 3LW, UK
UKHW021324180426
11947UKWH00017B/1414